ARBEITSMATERIALIEN

DEUTSCH

Schreibübungen für die Oberstufe zum regelgerechten Verfassen verständlicher Texte

Ein Selbstlernkurs

von
Erhard Schlutz

Ernst Klett Verlag
Stuttgart München Düsseldorf Leipzig

Gedruckt auf Recyclingpapier,
hergestellt aus 100% Altpapier.

2. Auflage 2 6 5 4 3 2 | 2000 99 98 97 96

Dieses Werk folgt der reformierten Rechtschreibung und Zeichensetzung.
Alle Drucke dieser Auflage können im Unterricht nebeneinander benutzt werden, sie sind untereinander unverändert. Die letzte Zahl bezeichnet das Jahr dieses Druckes.

Umschlag: Regina Mack
Gesamtherstellung: Wilhelm Röck, Weinsberg
ISBN: 3-12-350268-6

Regelgerecht und verständlich schreiben
Grundlage für Oberstufenarbeit und Studium

Gute Gründe für ein eigenes Schreibtraining
Schreibaufgaben, die sich Schülern und Schülerinnen auf der Oberstufe (und später im Studium) stellen, sind anspruchsvoll. Deshalb treten neben den Fehlern und Ungeschicklichkeiten, die selbst im Schreiben Fortgeschrittene noch nicht ganz abgelegt haben, oft neue Schwierigkeiten auf: Die eigenen Sätze werden komplexer, aber auch oft unübersichtlich und schwer verständlich. Zugleich bleiben Sprachregeln, die im Wesentlichen schon beherrscht schienen – etwa der Großschreibung, der Zeichensetzung, der grammatischen Beziehungen –, oft nicht zuverlässig beachtet.
Im Deutschunterricht, in dem es nun um textsortenspezifisches Analysieren und Schreiben (wie Gedichtinterpretation, Texterörterung) geht, ist selten Zeit, die grundlegenden Schreibfähigkeiten aufzufrischen und den neuen Anforderungen anzupassen. Auch außerhalb des Deutschunterrichts wird – angesichts der Anforderungen, die heute an Studierende und Berufstätige gestellt werden – zu wenig geschrieben, zu wenig Schreiben geübt, zu wenig Selbstkontrolle gelernt.

Nutzen dieses Heftes
Dies Heft möchte Ihnen eine Schreibpraxis der Selbstkontrolle nahe legen und sie einüben helfen. Behandelt werden auch die Bereiche der Rechtschreibung und Zeichensetzung, die selbst Geübteren noch Schwierigkeiten bereiten, vor allem aber die Anforderungen an verlässliches Zitieren, fehlerfreie und übersichtliche komplexe Sätze, stilistisch flexible, aber logische Textzusammenhänge. Dabei geht es nie um verwirrende Ausnahme- und Zweifelsfälle, sondern um verallgemeinerbare Regeln und Schreibhilfen, vor allem aber um eigene Übung, um „Schreibübungen" eben.
Sie können das Ganze systematisch durchgehen oder – je nach eigenen Schwierigkeiten – einzelne Kapitel herausgreifen. Zur bessseren Kontrolle sollten Sie Lösungen möglichst vollständig niederschreiben, ehe Sie im Lösungsheft nachschlagen.

Erleichterungen durch die Rechtschreibreform
Die neuen Regeln der Rechtschreibreform werden an den Stellen eingeübt, wo sie bisherige Fehlerquellen – vor allem in der Groß- und Kleinschreibung, bei s-Lauten und in der Zeichensetzung beim Infinitiv – vermeiden helfen. In den Hintergrund rückt, was heutigen Oberstufenschülern keine Erleichterung bringt, sondern sie verwirren könnte.
Der Text des Heftes folgt den neuen Regeln. Die Zeichensetzung berücksichtigt, dass manches (besonders bei Hauptsätzen mit „und" und beim Infinitiv) der Entscheidung des Schreibers überlassen bleibt. Nur im Kapitel Zeichensetzung werden mit dem Zeichen (,) alle Stellen ausdrücklich kenntlich gemacht, an denen ein Komma nicht verbindlich ist, aber gesetzt werden kann.

Inhaltsverzeichnis

Erstes Kapitel: Richtig schreiben – einfacher durch die Rechtschreibreform

1 Großschreibung

1.1 Grundprobe und Grundregel

Die Groß- und Kleinschreibung ist auch für viele noch ein Problem, die mit der übrigen Rechtschreibung schon leidlich zurechtkommen. Das scheint zunächst erstaunlich, denn die Groß- und Kleinschreibung folgt – anders als die allgemeine Rechtschreibung – verhältnismäßig klaren Regeln.

1 **Warum werden im folgenden Text die nummerierten Wörter großgeschrieben?** Schreiben Sie Ihre Lösung in Form einer Regel auf, etwa so: Großgeschrieben werden: ... (jeweils die Nummern der Beispiele in Klammern).

Nach (1) sonnigem Anfang (2) nun etwas Regen (3)
Viel (4) mehr wird aus den Ferien (5) häufig nicht an die Daheimgebliebenen (6) geschrieben. „Uns (7) geht es gut, was wir Ihnen (8) auch wünschen!“ scheint nach wie vor ein beliebter Kurzgruß (9) zu sein. Eine (10) junge Volkskundlerin (11) aus Münster (12), die unter dem Arbeitstitel (13) „Perfekte (14) Ferien“ (15) Ansichtspostkarten (16) aus vier Jahrzehnten (17) gesichtet hat, meint sogar, die Texte (18) würden immer oberflächlicher. In (19) den sechziger Jahren (20) hätte man noch ‘angegeben’: „Ich (21) habe einen Riesensalon (22) als Zimmer (23) mit Marmorkamin (24) und allen Schikanen (25).“ Heute (26) reduzierten sich die Mitteilungen (27) meist auf Schönwetterberichte (28), „gestern Abend (29) etwas verhangen, heute Vormittag (30) wie immer strahlend schön“; allenfalls sei etwas Nörgelei (31) über die fremdländische Küche (32) zu finden: „Mit (33) der Esserei (34) sind wir nicht ganz einverstanden.“ Gibt (35) es zu wenig eigene Erlebnisse (36) mitzuteilen, oder sollen negative verschwiegen werden? Wird (37) Schreiben (38) allenfalls als lästige Pflicht (39) absolviert?

Bei der Wiederholung und Festigung der Groß- und Kleinschreibung kann man sich weit gehend auf die Frage beschränken, *ob ein Wort im Satz als Substantiv anzusehen* und daher großzuschreiben ist oder nicht. Denn hierbei werden die meisten Fehler gemacht.
Woran erkennt man nun ein Substantiv?

Gebräuchliche Substantive hat man im Prozess des Schreibenlernens als Wortbild gespeichert. Man schreibt sie gleichsam „automatisch“ groß.

2 Für Zweifelsfälle hat man sich meist die Probe gemerkt:
Ein Substantiv erkennt man daran, dass 'der, die oder das' davor gesetzt werden kann.
Wie alle 'Eselsbrücken' ist dies nur eine Kurzformel, mit der man nicht weit kommt, wenn man sie nicht sinngemäß abwandelt. **Warum sind die folgenden Anwendungen der Probe falsch, ungeschickt oder überflüssig?**

a) Heute möchte ich etwas erleben!
Probe: *[das]* Erleben;
also: Heute möchte ich etwas ~~Erleben~~!

b) Gabi hat interesse an fremdsprachen.
Probe: Gabi hat [das] Interesse an [die?] Fremdsprachen;
also: Gabi hat Interesse an ~~fremdsprachen~~.

c) Ein kindisches geschrei und dieses alberne verhalten ohne rücksicht auf seine freunde setzten uns viele male zu.
Probe: [Das] Geschrei und [das] Verhalten ohne [die] Rücksicht auf [die] Freunde setzten uns [die] Male zu.

> **Substantive erkennt man daran,**
> **dass sie von einem Erkennungswort,**
>
> z. B.
> Artikel (*ein* Geschrei),
> Pronomen (*dieses* Verhalten, *viele* Male),
> Präposition (*ohne* Rücksicht),
> Adjektiv (*kindisches* Geschrei),
>
> **begleitet werden, oder daran,**
> **dass man ein solches Wort im Satz hinzusetzen könnte.**

3 **Schreiben Sie den folgenden Text ab, indem Sie die Substantive großschreiben.** Unterstreichen Sie die Erkennungswörter, setzen Sie in Klammern eines hinzu, falls es fehlt.

werbung puscht die popmusik
Ein popsong kann vieles sein: liebesschwur, fluch gegen die ganze welt, leises geflüster aus übergroßer einsamkeit. Ein erfolgreicher song ist aber vor allem eines: markenartikel, mit dem man andere markenartikel verkaufen kann. In letzter zeit haben das immer mehr werber erkannt. Nun vertonen sie spots für bestimmte waren mit popsongs, die schon einmal hits waren. Pop ist werbung, werbung ist pop, meinen einige vordenker der branche. Aber oft werden nicht autos, bier und hosen verkaufsschlager, sondern die songs, die zur besten sendezeit auf allen kanälen laufen.

Substantive werden großgeschrieben. Wörter anderer Wortarten werden kleingeschrieben.
So lautet eine Grundregel für die Groß- und Kleinschreibung.
Die nächste Aufgabe zeigt, warum diese Regel nicht so einfach zu befolgen ist, wie sie sich anhört.

4 Korrigieren Sie den PC.

Das folgende Textstück wurde mit einem PC geschrieben und mit Hilfe eines Rechtschreibprogramms korrigiert. Aber selbst der PC hat einige Fehler der Groß- und Kleinschreibung nicht entdeckt.

1. Wo muss zusätzlich großgeschrieben werden? Warum?
2. Woran erkennen Sie jeweils die Substantive?
3. Warum hat das Rechtschreibprogramm einige davon nicht erkannt?

Achtung: Fehlerhafter Text!

grillen zirpen in der Pariser Unterwelt
Paris (dpa). Wer in der Pariser Metrostation Montreuil die Augen schließt, meint, aus versehen in einen südländischen Zypressenhain oder zumindest in ein tropisches Gewächshaus geraten zu sein. Ein helles zirpen lässt das triste und etwas unheimliche der unterirdischen Bahnstation vergessen. Die grillen von Montreuil sind Stadtgespräch, ob beim treffen auf dem Bahnsteig oder beim essen im Bistro. Ihr singen erinnert mich an die Ferien bei Großmutter auf dem Land, meint der Stationsvorsteher, und wie ihm geht es unzähligen Metrofahrern täglich. Wissenschaftler fanden inzwischen heraus, warum es die Tierchen ins untergründig dunkle zieht: Die grillen sind thermophil, zu Deutsch: Sie lieben das warme.
Nach dpa 4. 1. 91.

Prinzipiell können Wörter aller anderen Wortarten im Satzzusammenhang als Substantive gebraucht werden.
Beispiele:
- das Adjektiv: Das bedeutet sicher nichts *Gutes*.
- das Pronomen: Nach dem Brand ihres Hauses standen sie vor dem *Nichts*.
- das Verb: Beim *Arbeiten* höre ich gern Musik.
- die Konjunktion: Manfred wollte bei dieser Entscheidung kein *Aber* gelten lassen.

5 **Welche Erkennungswörter weisen in den Beispielen auf Seite 8 unten darauf hin, dass eine Substantivierung folgt?**
Schreiben Sie in den folgenden Sätzen groß, wo es nötig scheint, und unterstreichen Sie die Erkennungswörter.

a) Eine dicke und ein dünner beherrschten die tanzfläche.
b) Ohne wenn und aber folgen wir dir.
c) Das ganze wird bestimmt sehr lustig.
d) Die letzten raketenflüge wurden von einem langen ah aus dem publikum begleitet.
e) Trotzdem fehlte das gewisse etwas.
f) Ohne zu zögern brachen wir auf.
g) Ich möchte erst noch etwas essen.
h) Hast du etwas zum essen dabei?
i) Da ist der Ball doch tatsächlich im aus!

Sie können jetzt die Grundregel für die Groß- und Kleinschreibung genauer fassen:

Grundregel für die Groß- und Kleinschreibung:
Substantive und als Substantive gebrauchte Wörter werden großgeschrieben.
Wörter anderer Wortarten werden kleingeschrieben.

Früher lautete eine Hilfsregel: Im Zweifelsfall schreibt man klein. Davon kann man heute nicht mehr ausgehen.
Zum einen hat die Rechtschreibreform tendenziell die Großschreibung verstärkt, indem sie die Zahl der Ausnahmen davon kräftig eingeschränkt hat. So werden heute auch Wendungen wie „auf Deutsch" oder Tageszeiten in Verbindung mit allgemeinen Tagesangaben großgeschrieben (heute Abend, morgen Mittag). Über weitere wichtige Änderungen werden Sie weiter unten informiert.
Zum anderen nimmt der Trend zur Substantivierung in der heutigen Schriftsprache zu. Immer mehr Wörter, die aus anderen Wortarten abgeleitet sind, werden zu Substantiven – und zwar dauerhaft oder nur vorübergehend in einem konkreten Satzzusammenhang.

Beispiele für *dauerhafte* Substantivierung:
schreiben → *Großschreibung*
ganz → *Ganzheitlichkeit*
Beispiele für *gelegentliche* Substantivierung:
gehen → Das *Gehen* fällt Oma schwer.
schön → Alfred hatte eine schwärmerische Neigung zum *Schönen.*

Der zweite Fall – also die nur gelegentliche Substantivierung und damit Großschreibung – führt häufiger zu Rechtschreibschwierigkeiten. Meist betreffen diese Verben und Adjektive.

1.2 Substantivierung von Verben und Adjektiven

Großschreibung bei Verben

6 **Welche der Wörter, die im folgenden Beispiel durchgehend in Großbuchstaben geschrieben sind, müssen in Normalschrift mit großen Anfangsbuchstaben geschrieben werden?**
Unterstreichen Sie die festen Substantive (immer großgeschrieben) einmal, die gelegentlichen Substantivierungen (in diesem Satz großgeschrieben) zweimal.

Ein spitzer SCHREI drang vom Hof herauf. „Oh, dies tägliche GESCHREI!", regte sich Ottokar auf: „Wenn diese Kids doch nicht so SCHREIEN würden; ich kann ihr SCHREIEN nicht mehr ausstehen; diese SCHREIEREI macht mich noch wahnsinnig!" Ein lautes KRACHEN und SPLITTERN kam plötzlich aus dem Nebenraum. „Als ob der normale KRACH nicht schon ausreichte", bemerkte Ottokar unter STÖHNEN und schlurfte SEUFZEND ins Wohnzimmer. Vor lauter SPLITTERN konnte er kaum AUFTRETEN. „Ottokar, wirf uns den Ball herunter, bitte, wir brauchen ihn zum SPIELEN!", riefen die Kinder vom Hof herauf.

Vor allem die **Infinitivform** des Verbs wird gelegentlich substantiviert:
schreien oder das *Schreien*?
schreiben oder das *Schreiben*?

7 **Substantivieren Sie die kursiv (schräg) gesetzten Verben und Wortfolgen, indem Sie den Satz jeweils umformen, und schreiben Sie groß.**
Beispiel: Es ist nicht erlaubt, die Waren *anzufassen.* → Das Anfassen der Waren ist nicht erlaubt.

a) Es ist verboten, die Gleise *zu überqueren.*
b) Es ist untersagt, Hunde *mitzubringen.*
c) Als sie das Geld *nachzählte*, unterlief ihr ein Fehler.
d) Du hältst mich davon ab, meine Schritte *zu üben.*
e) Da Sie die zulässige Geschwindigkeit *überschritten* haben, muss ich Ihnen eine Verwarnung erteilen.
f) Hör auf, so laut *zu toben.*
g) Es macht Spaß, dir zuzusehen, wenn du *Tennis spielst.*
h) Da hilft es nichts *zu jammern* und *zu flehen.*
i) Er betrachtete sie, während sie *schlief.*
j) Die frühen Ladenschlusszeiten halten viele Leute davon ab, noch rechtzeitig *einzukaufen.*
k) Für Kinder ist es gefährlich, auf der Straße *zu spielen.*
l) Auch wenn sie die Straße *überqueren*, müssen sie besonders Acht geben.
m) Lange oder komplizierte Sätze *zu lesen* fällt mir oft schwer.

Verb – Infinitiv: groß oder klein?
Machen Sie die Probe, mit der man auch sonst Substantive und Substantivierungen erkennt.
Bei substantivierten Verben steht oft eine Präposition als Erkennungswort, häufig mit einem Artikel zusammengezogen:
Halte mich nicht *vom (von dem)* Üben ab.
Kommen Sie *zum (zu dem)* Üben zu mir?

Vorsicht bei „zu“!
Dieses Wörtchen beim Verb ist häufig nur Infinitivkennzeichen, also Signal für Kleinschreibung.
Kommst du heute Abend zu mir, um die Tanzschritte *zu üben*?
Schreiben Sie klein, wenn der Zweifelsfall nicht zu entscheiden ist:
Wolfdietrich lernt *s/Singen.*
[das] Singen? *[zu]* singen? → *Wolfdietrich lernt singen.*

8 **Schreiben Sie die folgenden Sätze in Normalschrift und korrigieren Sie, falls nötig.**

a) Bei dem heutigen Zustand des Flusses ist das BADEN dort nicht ratsam.
b) Kommst du mit zum BADEN?
c) Ich habe keine Lust zu BADEN.
d) Zum WIEDERHOLEN kommen wir heute wohl nicht mehr.
e) Ich werde versuchen, die Lektion das nächste Mal zu WIEDERHOLEN.
f) Der Inspektor hörte ein verdächtiges KNACKEN.
g) Aber alles LAUSCHEN war umsonst gewesen, es war eben ein undankbares ARBEITEN.
h) Als ob man nicht noch anderes zu TUN hätte, die Untersuchung geriet ins STOCKEN.
i) Man sollte lieber Tennis SPIELEN gehen oder öfter zum SCHWIMMEN.
j) Sein Chef würde ihm wieder Sonderurlaub VERSPRECHEN, aber davon sollte man sich nicht allzu viel VERSPRECHEN.
k) Er war vom STEHEN schon ganz müde und beschloss, mit dem WARTEN aufzuhören.
l) Plötzlich begann sich auf der anderen Seite etwas zu REGEN, er hatte gar keine Zeit mehr zum NACHDENKEN.
m) Ohne zu ZÖGERN und ohne daran zu DENKEN, wie müde er vom AUSHARREN schon war, machte er sich ans NACHSETZEN.

Großschreibung bei Adjektiven

9 **Welche der im folgenden literarischen Text durchgehend großgeschriebenen Wörter beginnen in Normalschrift mit einem Großbuchstaben?**
Unterscheiden Sie bei Ihrer Antwort:
a) normale Adjektive: klein,
b) aus Adjektiven dauerhaft abgeleitete Substantive: groß,
c) im Satz substantivierte Adjektive: ebenfalls groß.

Forentine war GROSS und SCHLANK, die Farbe ihres Gesichtes von dem REINSTEN WEISS, die FEINEN Lippen von FRISCHER RÖTE, und das Haar, das sie in KURZEN Locken um Stirn und Nacken fliegen ließ, RABENSCHWARZ; ebenso DUNKEL waren die FEIN GEZOGENEN Augenbrauen, das BRAUNE Auge blickte jeden HEITER und FREUNDLICH an, verwandelte sich aber in den FINSTERSTEN ERNST, wenn jemand die GEWÖHNLICHE Höflichkeit in den Ton der ZÄRTLICHKEIT umstimmen wollte.

Ludwig Tieck: Die schöne Wilde. Zitiert nach: Dichtung der Romantik, Band 1. Hrsg. von Karl Balser. Standardverlag, Hamburg 1960, S. 209. Ausschnitt.

Ob Adjektive substantivisch gebraucht werden, ist oft an den schon (auf Seite 7) genannten Erkennungswörtern festzustellen.
Besonders häufig aber sind substantivierte Adjektive an **vorangehenden unbestimmten Zahl- oder Mengenangaben** zu erkennen:
alles Gute, *etwas* Schwieriges, *manches* Unangenehme, *wenig* Interessantes, *viel* Erfreuliches.
Steht ein Adjektiv allein, also ohne Erkennungswort, so ist der Einsatz einer unbestimmten Mengenangabe oft die einzig *verlässliche Probe*.
Der GEEHRTE hat HERVORRAGENDES geleistet.
Probe: *Der* Geehrte hat *[etwas/viel]* Hervorragendes geleistet.

10 **Formen Sie die folgenden Sätze so um, dass die gekennzeichneten Adjektive substantiviert und damit großgeschrieben werden.**
Beispiel: Die neue Klassenkameradin hat sich schnell eingelebt.
→ Die Neue hat sich schnell eingelebt.

Verwenden Sie auch Mengenangaben. Verkürzen Sie Sätze, wenn möglich.

a) Leben die *reichen* Nationen auf dieser Erde auf Kosten der *armen* Völker?
b) Ich muss dir eine *seltsame* Sache erzählen.
c) Damit hast du mir keine *neue* Information mitgeteilt.
d) Nur wenige *brauchbare* Neuigkeiten fanden sich in seinen Berichten.
e) Was *unwichtig* ist, sollte man nicht so ernst nehmen.

f) *Faszinierend* und für mich *überraschend* war an diesem Buch vor allem der Schluss.
g) Lisa hatte keine *warmen* Sachen zum Anziehen.
h) Bei dieser Reise musst du damit rechnen, dass *unvorhersehbare* Ereignisse eintreten.

> **Achtung: Adjektive können zu einem Substantiv gehören!**
> Die kleinen *Wünsche* erfüllen wir uns sofort, die *großen* verschieben wir auf später (= die großen Wünsche).
> Von allen Säugetieren ist der *Wal* das *schwerste*. (= das schwerste *Säugetier*)
> *Rosen* mag Katharina gern. Die *gelben* liebt sie besonders.
> Die vollständige Regel zur Groß- und Kleinschreibung bei Adjektiven muss daher lauten:
> **Substantivierte Adjektive – das sind Adjektive mit (möglichem) Erkennungswort, aber ohne Bezug zu einem Substantiv – werden großgeschrieben.**

11 **Schreiben Sie in Normalschrift.**

Entscheiden Sie, ob die hervorgehobenen 'Adjektive' groß- oder kleinzuschreiben sind.

a) Das WESENTLICHE bei ihrer Aushilfsarbeit war, auf FEHLERHAFTES zu achten und es vom FEHLERFREIEN zu trennen.
b) Selten passierte bei dieser Arbeit etwas AUFREGENDES, aber ANSTRENGEND war sie, vor allem für einen Ferienjob.
c) Ständig dachte sie an ihr NÄCHSTES Treffen mit Arndt, ihr LETZTES war nicht gerade als gelungen zu bezeichnen.
d) Dieser junge Autor liebt das GROTESKE.
e) Er verwendet VIELE Bilder in seiner etwas ORNAMENTALEN Sprache. Darunter finden sich sehr SELTENE, aber auch ABGEGRIFFENE.
f) Zuweilen führt er den Leser in ein TIEFES DUNKEL, so dass das BESONDERS WICHTIGE nicht leicht zu erkennen ist.
g) Auch muss man sich durch viel LANGWEILIGES hindurcharbeiten, um zu dem SPANNENDEN zu gelangen.
h) Trotzdem erscheint sein Buch sehr LESENSWERT; es ist wohl sein bisher BESTES.
i) Ansonsten findet sich unter den NEU ERSCHIENENEN Büchern wenig LESENSWERTES, aber UNVERMITTELT stößt man zuweilen doch auf ÜBERRASCHENDES.
j) So ist ein BEDEUTENDER Roman nun endlich auf DEUTSCH erschienen.
k) Bisher für die meisten von uns nicht ERREICHBARES aus der LATEINAMERIKANISCHEN Erzählkunst wird damit erstmals ZUGÄNGLICH.

Vereinfachungen durch die Rechtschreibreform

Adjektive im **Superlativ** werden nach der Rechtschreibreform wie die Grundformen behandelt:
Sie ist *die Klügste.* Es ist *das Beste*, jetzt zu gehen (bisher: ~~das beste~~).
Einzige Ausnahme: Wendungen mit „am" werden weiterhin kleingeschrieben (*am sinnvollsten* = sehr sinnvoll).

Zahlreiche andere Ausnahmen sind durch die Rechtschreibreform ebenfalls im Sinne der Regel vereinfacht worden, dass substantivierte Adjektive großzuschreiben sind. Das gilt im Gegensatz zu früher z. B. für

- Adjektive und Partizipien **in festen oder redensartlichen Verbindungen:**
  bisher: ~~im allgemeinen~~ – neu: im Allgemeinen
  bisher: ~~im dunkeln tappen~~ – neu: im Dunkeln tappen
- für Adjektive, die eine **Aufzählung, Reihenfolge oder eine unbestimmte Menge** signalisieren:
  bisher: ~~der erste, jeder einzelne, der nächste~~
  neu: der Erste, jeder Einzelne, der Nächste

Zum Problem der Mengen- und Zahlangaben s. Seite 18f.

12 **Schreiben Sie den folgenden Text in Normalschrift ab.**

Gewöhnen Sie sich daran, dass die Grundregel der Groß- und Kleinschreibung nun auch beim Adjektiv für fast alle Fälle gilt.

a) Im GROSSEN und GANZEN habe ich vor dem Arztbesuch keine Angst. b) Aber Zahnarztbesuche sind das ÄUSSERSTE. c) Man malt sich immer von NEUEM aus, was alles passieren könnte. d) Als ich gestern vor der Wartezimmertür stand, befürchtete ich schon, der EINZIGE zu sein. e) Aber nein, das Wartezimmer war brechend voll. „Wer ist von Ihnen der LETZTE?", fragte ich. f) „Ich bin als DRITTER gekommen", behauptete entschlossen der ZWEITE links von mir, „und der FOLGENDE waren Sie!" g) Damit zeigte er ohne WEITERES auf einen Mann, relativ JUNG, der sich die Backe hielt. h) Aber weiter kam ich mit meiner Frage nicht, so dass ich es für das BESTE hielt, alle Besucher im STILLEN zu zählen. i) Demnach musste ich einfach aufstehen, wenn der NEUNTE als LETZTER vor mir daran gewesen war. j) Es schien mir am SINNVOLLSTEN, meine Lektüre herauszuholen und damit die lange Wartezeit und meine leichte Nervosität zu überbrücken. k) Mit den Worten: „Der NÄCHSTE, bitte!", lud die Sprechstundenhilfe viel zu eilig einen um den anderen vor. l) Nachdem die vier ERSTEN aus dem Zimmer waren, sagte sie aus heiterem Himmel plötzlich zu mir: „Nun sind Sie dran, junge Frau!" m) Und auf meinen erstaunten (oder ängstlichen) Blick: „Alle ÜBRIGEN sind nur vom Finanzamt dienstlich hier." n) Na, es ist dann nichts SCHLIMMERES passiert, aber der Gang zum Zahnarzt ist wirklich der SCHWIERIGSTE.

Zur Wiederholung

Dieser Originaltext ist nicht wie die meisten der in diesem Kapitel vorgestellten Beispiele auf bestimmte Rechtschreibprobleme hin 'frisiert'. Die Schwierigkeiten treten deshalb auch nicht gehäuft auf.
Bei der Übung 13 handelt es sich um den Anfang einer Erzählung aus der ersten Hälfte des 20. Jahrhunderts.

13 **Schreiben Sie den Text in Normalschrift mit richtiger Groß- und Kleinschreibung.**
Achtung: Text in Kleinschreibung, gegenüber dem Original verändert!

Einmal, als sich der schlanke und sehr soignierte kellner françois beim servieren über die schulter der schönen polnischen gräfin ostrowska herabneigte, geschah etwas seltsames. Nur eine sekunde währte es und war kein zucken und kein erschrecken, keine regung und bewegung. Und doch war es eine jener sekunden, in die tausende stunden und tage voller jubel und qual gebannt sind, gleichwie der großen dunkel rauschenden eichen wilde wucht mit all ihren wiegenden zweigen und schaukelnden kronen in einem einzigen verflatternden samenstäubchen geborgen ist. Nichts äußerliches geschah in dieser sekunde. François, der geschmeidige kellner des großen rivierahotel, beugte sich tiefer hinab, um die platten dem suchenden messer der gräfin besser zurechtzulegen. Doch sein gesicht ruhte in diesem moment knapp über der weich gelockten duftenden welle ihres hauptes, und als er instinktiv das devot gesenkte auge aufschlug, sah sein taumelnder blick, in wie milder und weiß leuchtender linie ihr nacken sich aus dieser dunklen flut in das dunkelrote bauschende kleid verlor. Wie purpurflammen schlug es in ihm auf. Und leise klirrte das messer an die unmerklich erzitternde platte. Obzwar er aber in dieser sekunde alle folgenschwere dieser jähen bezauberung ahnte, meisterte er gewandt seine erregung und bediente mit der kühlen und ein wenig galanten verve eines geschmackvollen garçons weiter. Er reichte die platten mit ruhigem gange dem steten tischgenossen der gräfin, einem älteren, mit ruhiger grazie begabten aristokraten, der mit fein akzentuierter betonung und einem kristallenen französisch gleichgültige dinge erzählte. Dann trat er ohne blick und gebärde von dem tisch zurück.
Diese minuten waren der beginn eines sehr seltsamen und hingebungsvollen verlorenseins, einer so taumelnden und trunkenen empfindung, dass ihr das gewichtige und stolze wort liebe beinahe übel ansteht.

Stefan Zweig: Der Stern über dem Walde. In: Gesammelte Werke in Einzelbänden. Hrsg. von Knut Beck. Verwirrung der Gefühle. Erzählungen. Fischer, Frankfurt a. M. 1983. Ausschnitt. Zitiert nach: Spiele ohne Ende. Erzählungen aus hundert Jahren, ausgewählt von Hans Bender. Fischer, Frankfurt a. M. 1986, S. 82f.

1.3 Bindestrichwörter und Bezeichnungen

Zusammengesetzte Substantive und Bindestrich-Koppelungen

Die meisten substantivischen Fügungen werden im Deutschen zusammengeschrieben. Es gilt dann die übliche Großschreib-Regel: *Dachdeckermeister.*
Man kann ganze Sätze durch entsprechende Substantivierungen verkürzen:
Nachdem das Gesetz *in Kraft getreten* war, konnte die Ausbildungsbeihilfe gezahlt werden.
Nach *Inkrafttreten* des Gesetzes konnte die Ausbildungshilfe gezahlt werden.

Substantive und Substantivierungen werden gelegentlich auch durch Bindestrich aneinander gefügt, vor allem, wenn die Koppelung in der Alltagssprache unüblich ist:
Die *Ich-Erzählerin* beginnt ihre Geschichte mit einer überraschenden Eröffnung.
Mit der Rechtschreibreform wird in vielen Fällen eine alternative Schreibweise erlaubt (Ichform / Ich-Form) oder sogar zur Verwendung des Bindestrichs ermutigt.
Dies gilt insbesondere,
- wenn dadurch neue lange Substantive übersichtlicher erscheinen (*Haftpflicht-Versicherungsgesellschaft*),
- wenn damit bestimmte Bestandteile der Zusammensetzung bewusst herausgehoben werden (*Soll-Stärke*, *Ist-Stand*),
- wenn mögliche Missverständnisse vermieden werden (*Musiker-Leben*, *Musik-Erleben* statt Musikerleben),
- wenn Tatbestände in ungewöhnlicher Weise zu einem Begriff zusammengezogen werden. (Man kann auch *etwas an den Haaren herbeiziehen.* → Dies *An-den-Haaren-Herbeiziehen* regt mich auf.)

Werden Wörter in substantivischen Wendungen mit Bindestrich aneinander gereiht, so wird das erste Wort großgeschrieben, auch wenn es kein Substantiv ist.
Schlaf-wach-Rhythmus

Die weiteren Wörter der Aneinanderreihung werden dagegen so geschrieben, wie es ihrer sonstigen Schreibung entspricht. Achtung: Wird ein Verb in dieser Verbindung zum Substantiv, so wird es selbstverständlich großgeschrieben!
Susi lebt so in den Tag hinein. Randy macht dieses *In-den-Tag-hinein-<u>Leben</u>* wütend.

14 **Formulieren Sie die folgenden Sätze so um, dass aus den kursiv gesetzten Wörtern substantivische Aneinanderreihungen mit Bindestrich werden, und schreiben Sie regelgerecht.**

a) Peter Müller streckte den Gegner mit einer *Kombination* von *linken* und *rechten* Haken nieder.
b) In vielen Liedern wird das *alte Heidelberg* besungen.

c) Das *Einkommen*, das *pro Kopf* der Bevölkerung erwirtschaftet wird, ist in den letzten Jahren gesunken.
d) Die *Bewegung*, die das Motto *Do it yourself!* beherzigt, ist immer weiter angewachsen.
e) Der Taugenichts hatte Gefallen daran gefunden, ständig *auf der faulen Haut zu liegen.* Der Taugenichts hatte an seinem ...
f) Petra nahm gleich drei Kleider. *Sich zu begnügen* war sie nicht gewohnt.
g) Dass sie *Hand in Hand gearbeitet* hatten, brachte dem Projekt den Erfolg.
h) Peter hasste es, ständig *am Gängelband geführt zu werden.*

Namen und Bezeichnungen

15 **Erläutern Sie, warum die folgenden Schreibweisen korrekt sind.**

a) der Stille Ozean – der stille Titisee
b) der Bayerische Wald – das bayerische Bier
c) das Rheinische Schiefergebirge – das hessische Bergland
d) das Fleißige Lieschen – die faule Rübe
e) die Erste Allgemeine Verunsicherung – eine allgemeine Verunsicherung
f) die Pariser Nächte – die französische Küche
g) die Bremer Nächte – die platonische Liebe

Man sollte sich durch solche Gegenüberstellungen allerdings nicht verwirren lassen. Denn in der eigenen Schreibpraxis wird man selten solche Namen oder Bezeichnungen schreiben müssen, die man nicht schon aufgrund eines gewissen Fachwissens kennt. Man weiß dann auch, ob es sich um eine feststehende Bezeichnung (groß) oder um eine allgemeine Charakteristik handelt (nur Substantiv groß).
Grundsätzlich sollte man sich an die folgenden Prinzipien halten.

Nur in unverwechselbaren Eigennamen werden neben den Substantiven auch Adjektive und Zahlwörter großgeschrieben.
das Rote Kreuz, das Zweite Deutsche Fernsehen, der Westfälische Frieden, die Hohe Tatra, die Gefleckte Hyäne
Es muss sich allerdings um singuläre Benennungen handeln, z. B. aus dem öffentlichen Leben, aus Geschichte, Geographie, Biologie.

Handelt es sich dagegen nicht um echte Eigennamen oder Fachtermini, sondern um redensartliche Koppelungen, so wird 'normal' geschrieben.
das schwarze Brett, der italienische Salat, die erste Hilfe
Das gilt auch dann, wenn solche Fügungen die Ableitung von einem Namen zur Kennzeichnung der Herkunft oder Urheberschaft enthalten.
die lutherische Bibelübersetzung, die hölderlinschen Hymnen

Ausnahme: Geographische Herkunftsbezeichnungen auf -er werden immer großgeschrieben, auch wenn es sich nicht um Eigennamen handelt.
Pariser Charme, Dortmunder Bier

1.4 Nur noch wenige Ausnahmen von der Großschreibung

Die Groß- und Kleinschreibung vollzog sich vor der Reform oft nach dem Muster:
„Rein in die Kartoffeln!“ (Substantivierungen großschreiben)
„Raus aus den Kartoffeln!“ (zahlreiche Ausnahmen trotz Erkennungswort klein)

Nach der Neuregelung sind viele dieser Ausnahmen eingeschränkt worden. Danach vermeidet man nun viele frühere Fehler, wenn man sich an die Grundregel hält, dass *Substantive und substantivierte Wörter groß*zuschreiben sind. D.h., es wird mehr großgeschrieben als vorher.
Ein paar **Ausnahmen** sind allerdings übrig geblieben, weil hier eine Änderung neue Unsicherheiten mit sich gebracht hätte. Einige davon kommen so selten vor, dass wir sie hier nicht nennen. Wichtig für die Schreibpraxis erscheinen folgende.

Kleinschreibung trotz Erkennungswort oder Substantiv-Ähnlichkeit

Ehemalige Substantive
Kleingeschrieben werden ehemalige Substantive, die als Adverbien (*teils, samstags, anfangs*), Präpositionen (*dank, trotz*), unbestimmte Zahlwörter (*ein paar*) gebraucht werden; außerdem *angst, bange, gram, leid, pleite, schuld,* aber nur in Verbindung mit *sein, bleiben, werden.*
Mir *wird angst.* Ich *bekomme Angst.*
Sie *sind schuld.* Ihnen wird *die Schuld* am Unglück *gegeben.*

Superlativ mit „am“
Adjektive werden im Superlativ trotz Erkennungswort nur kleingeschrieben, wenn die Steigerungsstufe mit „am“ gebildet wird: *am besten,* aber: das Beste (vgl. Seite 12f.).

Kardinalzahlen
Kardinalzahlen unter einer Million werden kleingeschrieben, auch wenn sie ein Erkennungswort bei sich haben: die ersten *fünf*, diese *zwanzig.*
Allerdings werden substantivierte Ordinalzahlen und Angaben zur Reihenfolge großgeschrieben (vgl. „Substantivierungen ...“, Seite 8ff.: der *Dritte*, der *Nächste*), und diese kommen in der Schreibpraxis viel häufiger vor.

Bestimmte Zahladjektive und Pronomen
viel / das meiste, wenig / das wenigste, (der) eine, (die) andere; (ein) jeder, (die) beiden, ein bisschen, ein paar (Blumen), (aber: ein stolzes Paar)

Diese Wörter sollten Sie sich merken.
Obwohl sie häufiger vorkommen, handelt es sich um Ausnahmen. Denn in der Regel werden Adjektive, die eine unbestimmte Menge angeben, großgeschrieben (die Einzige, alles Übrige, s. „Substantivierungen ...“, Seite 8ff.).

16 **Schreiben Sie in Normalschreibung.**

Entscheiden Sie bei den durchgehend großgeschriebenen Wörtern, ob es sich um
a) originale Substantive oder
b) großzuschreibende Substantivierungen,
c) kleinzuschreibende andere Wortarten oder
d) um Ausnahmen von der Großschreibung handelt.

Forscher belauschten flirtende Schüler mit verdeckter Kamera

Liebe auf den ERSTEN BLICK gibt es, sie entsteht oft in ein PAAR SEKUNDEN, und zwar in den ERSTEN einer Begegnung.
300 Gymnasiasten, die sich bis dahin nicht kannten, wurden für eine Flirtstudie jeweils ZU PAAREN zusammengestellt. Dann ließ man die ZWEI anscheinend unbeobachtet im Flirtstudio warten. Während die WARTENDEN glaubten, sie sollten später über das FLIRTEN befragt werden, wurden die BEIDEN mit versteckter Kamera gefilmt.
Die Ergebnisse präsentiert die DEUTSCHE FORSCHUNGSGEMEINSCHAFT jetzt unter dem Titel „Ich schau' dir in die Augen, KLEINES". Die Versuchsleiterin berichtete: „Im ALLGEMEINEN sind die Frauen – entgegen landläufiger Meinung – die ERSTEN, von denen der anfängliche Blickkontakt ausgeht. Wenn der Mann in den ERSTEN SEKUNDEN des ALLEINSEINS mit WEGSEHEN reagierte, fiel er in ihrer Bewertung stark ab. Im ÜBRIGEN verstärkte die Frau die Zahl ihrer Redebeiträge, wenn der ANDERE ihr sehr sympathisch war, geriet dabei aber auch leicht ins STAMMELN oder artikulierte die berühmten ÄH, OH, EI, HEY USW. Das WICHTIGSTE, um sofort Sympathien zu erringen, ist für den männlichen PART, in den AUFTAKTSEKUNDEN des KENNENLERNENS nicht zu schweigen. Männliche HERANWACHSENDE mit geringer SELBSTEINSCHÄTZUNG reagieren zurückhaltender, die MEISTEN hätten das Gespräch gar nicht oder spät angenommen. Junge Frauen hätten darauf manchmal mit Gesten des SICH-UNTERWERFENS geantwortet, wohl um dem ZAUDERNDEN eine anscheinend überlegene Position beim WERBEN zuzuspielen.
Der erste EINDRUCK von einem MENSCHEN sei der BEDEUTSAMSTE, sagt der Chef der FLIRTEXPERTEN, deshalb versuchten viele PAARE ANFANGS alles ERDENKLICHE, um gleich Kontakt zu bekommen. Kann SCHWEIGEN nicht aber auch anders gedeutet werden: als wirkliches oder vorläufiges DESINTERESSE, als Gefühl für die Künstlichkeit einer solchen Situation oder gar als Ruhe vor dem Sturm?

Nach einem Bericht von Hans Wüllenweber im Weser-Kurier vom 19. 6. 1990.

Zur Wiederholung der Groß- und Kleinschreibung

17 **Schreiben Sie den folgenden Text, den sein Autor in Kleinschreibung verfasst hat, in gängiger Groß- und Kleinschreibung auf.**

Wenn man viele Regeln einschließlich einiger Ausnahmen durchgegangen ist, dann kann es geschehen, dass man überall Sonderfälle und Rechtschreibfallen vermutet. Zum Abschluss wird deshalb ein Text angeboten, in dem Rechtschreibschwierigkeiten nicht so gehäuft vorkommen wie in den sonstigen Übungen dieses Kapitels.

H. C. Artmann: Abenteuer eines Weichenstellers

1. Die verantwortung eines weichenstellers der Union Pacific Ges. ist eine große, ihm obliegt die sorge um mensch und vieh, aber auch sachschaden hat er tunlichst zu vermeiden.
2. Der weichensteller besitzt ein buch, in dem er immer liest, 10 jahre besitzt er dieses buch, aber er beginnt nach seite 77 jedes mal wieder von vorne, weiter würde er es nie lesen, er hat da so eine vorahnung. Blödsinn, murmelt er, und beginnt trotzdem wieder bei seite 1.
3. Die meiste zeit aber raucht er seine geliebte pfeife, er hat keine frau, er sieht den ersten stern am abendhimmel aufglänzen, er geht in das intime grün der brennnesseln hinter dem haus austreten, er ist sonst ein frühaufsteher und trinkt nach dem essen ein bier.
4. Der letzte zug kommt stets um 21 uhr 35 durch, er sieht den letzten waggon in der ferne verschwinden, der bremser hat ihm zugewinkt, er ist seit jahren sein freund, obgleich er noch nie mit ihm gesprochen hat.
5. Das buch des weichenstellers ist ein alter pennyshocker mit dem titel ‚Der Mann vom Union Pacific Express'. Heute beschließt er, den roman bis ans ende zu lesen, doch es schwant ihm nichts gutes.
6. Einmal stand ein fremder bremser auf der hinteren plattform des letzten waggons; ob er ein aushelfer war?
7. Gegen 23 uhr wird der weichensteller durch einen ungewöhnlichen lichtschein aufmerksam, er geht vor das haus und sieht einen zug anrollen, der in keinem fahrplan verzeichnet steht, er rollt vollkommen lautlos an ihm vorbei, auf der plattform des letzten waggons steht der fremde von damals und bläst mundharmonika.
8. Der weichensteller reibt sich die augen, ihm kommt das alles eigenartig vor, er ist ja ganz allein, er geht ins haus zurück, er trinkt ein extrabier und verklebt die seiten 78 bis 126 mit kleister. So, meinte er, wäre es das beste.

H. C. Artmann: Abenteuer eines Weichenstellers. In: The Best of H. C. Artmann. Hrsg. von Klaus Reichert. Suhrkamp, Frankfurt a. M. 1975, S. 348f.

2 s-Laute

Neben der Groß- und Kleinschreibung bereitet Oberstufenschülern gelegentlich die Schreibung der s-Laute Schwierigkeiten.
Die Groß- und Kleinschreibung folgt klaren Regeln, nur kann deren fallbezogene Anwendung manchmal Probleme machen.
Bei der s-Schreibung dagegen überlagern sich – wie bei der Rechtschreibung überhaupt – unterschiedliche Prinzipien; zudem verändert sich die Schreibung teilweise mit der Veränderung der grammatischen Form. Die Rechtschreibreform vereinfacht eine der dabei auftretenden Schwierigkeiten.
Wir erinnern hier einmal an die Prinzipien der s-Schreibung insgesamt und bringen Ihnen zum anderen die Neuerung nahe. Benutzen Sie diese, wenn sie Ihnen hilft, Ihre persönliche Fehlerrate einzuschränken.

18 **Prüfen Sie die Beispiele in der zukünftig korrekten Form.**

(Bei Abweichungen wird die bisherige Schreibweise in Klammern angedeutet.)
Welche Unterschiede und Regeln lassen sich erkennen?

a) *Reisende* soll man nicht aufhalten. – Aber: Gewonnene *Muße* kann man nicht *messen.*
b) Sie *reiste* um die halbe Welt. – Aber: *Reißt* keine Zweige von den Sträuchern. / Das Publikum *raste.* – Aber: Ungerührt *aß* er seinen Schokoriegel.
c) *Muße, Maß,* du *weißt* – aber: *müssen, messen, wissen*
d) *fließen – Fluss (ß), reißen – Riss (ß), schließen – Schluss (ß)*
e) *essen* – er *isst (ß)* – er *aß; wissen* – ich *weiß – gewusst (ß)* wo.
f) Sage mir, *dass (ß) das* nicht wahr ist. *Das* Gespräch, *das* wir gestern hatten, war also eine einzige Farce.

19 **Bilden Sie aus den kursiv gesetzten Wörtern selbständige Nebensätze und schreiben Sie richtig** *das / dass.*

Die Unterscheidung von Pronomen / Artikel *das* und Konjunktion *dass* (bisher: daß) trotz gleicher Aussprache stellt nach wie vor eine wirkliche Ausnahme in der s-Schreibung dar.

a) Sie schworen feierlich(,) *ihrem Entschluss treu bleiben zu wollen.*
b) Das *ihnen vor Augen stehende* Ziel schien ihnen alle Anstrengungen zu rechtfertigen.
c) *Ohne auf weitere Hindernisse zu achten,* setzten sie ihren Vorsatz in die Tat um.
d) Denn im Besitz des *von Hanspeter gekauften* Buches hielten sie sich für genügend informiert.

Prinzipien der s-Schreibung

Stimmhaftes s wird immer s geschrieben (Stammprinzip).
Die Schreibung des Stammes wird beibehalten, auch wenn das s stimmlos / scharf wird: Reise / reisen → sie reiste; Häuser → Haus, häuslich

Stimmloses, scharfes s wird ß oder ss, seltener auch s geschrieben (Sprechprinzip).
Nach langem Vokal oder Diphtong ß: Straße, Fleiß
Nach kurzem Vokal ss: Essen, fassen
Vereinfachung durch Rechtschreibreform: ss nach kurzem Vokal gilt in Zukunft auch
- wenn nach dem s-Laut kein Vokal folgt: er wusste, bewusst, sie fasste (bisher ß),
- oder am Wort- und Silbenende: ungewiss, Schluss, der Biss – ein bisschen (bisher ß).

Einfaches s steht ausnahmsweise in der Endung -nis (Ereignis) oder bei bestimmten alten Fremdwörtern (Bus, Atlas) und Partikeln (bis, fast, aus).

Die Konjunktion dass (= damit) **folgt in Zukunft der Regel: ss nach kurzem Vokal.**
Dagegen werden Pronomen oder Artikel *das* (= welches) als Ausnahmen weiterhin mit einfachem s geschrieben **(grammatisches Prinzip)**.

Sofern Sie bislang keine größeren Schwierigkeiten mit der Schreibung der s-Laute hatten, lassen Sie sich durch das Bewusstmachen dieser Rechtschreibprinzipien nicht verunsichern.
Die entscheidende Veränderung: Scharfes s nach kurzem Vokal wird in der Regel ss geschrieben.

20 Gewöhnen Sie sich an die Erleichterung, scharfes s nach kurzem Vokal in der Regel ss zu schreiben. Welche Version ist richtig?

a) Ausschus/ss/ß; b) du weist/sst/ßt, ich hab's gewust/sst/ßt, Gewis/ss/ßheit; c) er entschlos/ss/ß sich, entschlies/ss/ßen; d) ein bis/ss/ßchen, bis/ss/ß bald: e) es/ss/ßen, der Fras/ss/ß, Es/ss/ßkultur; f) Fitnes/ss/ß, Busines/ss/ß; g) Has/ss/ß, sie has/ss/ßte ihn; h) nas/ss/ß von oben bis unten; i) du must/sst/ßt jetzt gehen, diese Scheibe ist ein Mus/ss/ß, geniese/sse/ße sie mit Muse/sse/ße.

3 Tendenzen der Rechtschreibreform im Überblick

Zur Großschreibung
bei deutlicher Substantivierung, z. B.: ~~im allgemeinen~~ → im Allgemeinen, ~~die dritte~~ → die Dritte, siehe „Großschreibung“, Seite 6ff.

Zum Stammprinzip
Viel mehr Wörter als bislang richten sich in ihrer Schreibung nach dem Stammwort: ~~behende~~ → behände (von Hand); ~~plazieren~~ → platzieren (von Platz).

Zum Sprechprinzip (s-Laute)
Die Schreibung der scharfen, stimmlosen s-Laute richtet sich nach der Sprechlänge des vorangehenden Lautes: lang = ß: sie aß; kurz = ss: essen, sie isst (siehe Seite 21f.)

Zur Getrenntschreibung
Bei vielen der früheren *Zweifelsfälle* wird nun getrennt geschrieben: Acht geben; allgemein bildend, allgemein gültig; auseinander gerissen; Besorgnis erregend; bewusst machen; davor stehen; dicht gedrängt; kurz gefasst; nahe stehend; nebeneinander stehen; selbst ernannt; weit gehend.
Immer getrennt geschrieben werden:
- zwei aufeinander folgende Verben: kennen lernen, liegen bleiben
- Verbindungen mit sein: da sein, dabei gewesen
- diese Mengenangaben: so viele, so viel, ebenso wenig, zu viel.

Immer *zusammen* geschrieben werden: *irgend*wer, *irgend*jemand usw.
Nach wie vor zusammengeschrieben werden die vielen Wendungen, deren Bestandteile nicht allein stehen könnten (schreibgewandt, denkfaul) oder die einen untrennbaren Begriff bilden (frühstücken, langweilen).

Zum Bindestrich
bzw. zur größeren Freiheit für die Bindestrich-Setzung, wenn das Wort übersichtlicher wird oder Teile bewusst hervorgehoben werden, siehe „Bindestrichwörter“, Seite 16f.

Zur Erleichterung der Worttrennung am Zeilenende
Trennungen folgen deutlicher der Sprechsilbe: Wes-te, Kas-ten, Päd-agogik → auch Pä-dagogik; par-allel → auch pa-rallel; Ufer → U-fer.
D. h., *st* kann getrennt werden, ein einzelner Buchstabe darf abgetrennt werden. Im Gegensatz dazu wird *ck* nicht mehr getrennt, um die Umschreibung (~~kk~~) zu vermeiden: Zu-cker, Ba-cke.

Zweites Kapitel: Zeichen setzen – auch in schwierigen Fällen

1 Die Grundregeln neu gefasst

Die Übungen und Hinweise dieses Kapitels helfen dabei, solche Fehlerarten in der Zeichensetzung gezielter anzugehen, die auch Fortgeschrittenen immer noch unterlaufen. Zunächst sollen die Grundregeln in Erinnerung gerufen werden, allerdings in der durch die Rechtschreibreform nahe gelegten neuen Fassung, die zum Teil den Schreibern mehr Freiheiten lässt. Wo immer in diesem Kapitel nach den neuen Regeln ein Komma nicht unbedingt gesetzt werden muss, aber gesetzt werden kann, finden Sie das Zeichen (,).
Achten Sie bei den folgenden Übungen auch darauf, zu welchem Zeichensetzungstyp Sie gehören. Sind Sie ein „Geizhals“, der eher zu wenig Kommas setzt, oder ein Verschwender, der sie gleichsam mit der Streubüchse verteilt?

1 **Zu wenig Satzzeichen oder zu viel?**
Korrigieren Sie den zum Teil fehlerhaften Text.

a) „Physik, das habe ich nie verstanden.“ Für dieses Bekenntnis braucht sich niemand mehr zu schämen. b) Denn Wissenschaftler haben jetzt herausgefunden, dass ein Scheitern in Physik nicht die Ausnahme ist sondern die Regel. c) In Bremen ging, am Freitag, eine internationale Tagung zu Ende, auf der über Ursachen und Abhilfen für dieses, oft beobachtbare Leiden beraten wurde. d) Wenn der Physikunterricht, in welcher Klasse auch immer, beginnt, sind die Köpfe der Schüler schon ‘besetzt’, denn jeder hat sich bereits, ganz ohne Lehrer, seine Vorstellung darüber gebildet, wie etwa eine Taschenlampe oder die Scheibenbremse, die beim Fahrrad immer häufiger anzutreffen ist, funktioniert. e) Im Physikunterricht geht es zwar auch um Elektrizität und Mechanik aber das technische Vorwissen der Schüler ihre alltägliche Erfahrung kommen in der Schulstunde praktisch selten zur Sprache. f) Den Schülern, dies haben Wissenschaftler von der Bremer Universität jetzt ermittelt wird einseitig abgefordert die allgemein gültigen Gesetze der Physik zu erfassen und wiederzugeben.

2 **Benennen Sie jeweils die Regel (siehe Seite 25), mit der die korrekte Zeichensetzung zu begründen ist.**

a) Auf diese Weise begreifen sie nicht, dass etwa die Definition von „Kraft“ nach Newton, die sie nun lernen müssen, etwas mit ihren eigenen Erfahrungen als Fahrradfahrer oder Drachenbauer zu tun hat. b) Ein solcher Unterricht fördert nicht das technische Verständnis, sondern ein Auswendiglernen von vorgegebenen Sätzen. c) Damit würde aber auch ein Ziel des Unterrichts, ein sinnvolles Lernen physikalischer Gesetzmäßigkeiten, verfehlt. d) Denn viele Schüler wiederholen nun einfach die Physik-Merksätze aus dem Lehrbuch(,) und sie geben damit dem Lehrer das zur

Antwort, was er vermutlich hören will, und nicht etwa das, was sie selbst wissen oder meinen. e) Die einhellige Empfehlung aus den USA, Frankreich und den Niederlanden war, dass Physiklehrer die Wissenschaft ein wenig zurückstellen sollten(,) um sich mehr den Erfahrungen und den Voraussetzungen der Schüler zuwenden zu können.

Nach ap 15. 3. 93

Regeln der Zeichensetzung kurz und neu gefasst

1. **Hauptsätze** werden voneinander durch Satzzeichen getrennt. Dies kann durch Punkt, Frage- oder Ausrufezeichen geschehen, aber auch – je nach inhaltlichem Zusammenhang – durch Komma, Semikolon oder Doppelpunkt.
1.1 Mit „und" oder „oder" verbundene Hauptsätze müssen nicht durch Komma getrennt werden.

2. Der sogennnte **einfache Satz** mit den Satzgliedern Subjekt, Prädikat, Objekt, adverbiale Bestimmung enthält in der Regel kein Komma.

3. Die **Grundregel 2** wird vor allem in folgenden Fällen **durchbrochen**:
3.1 Teile der **Aufzählung** werden durch Komma abgetrennt – wenn sie nicht durch „und" oder „oder" verbunden sind.
3.2 Werden **Entgegensetzungen** durch entsprechende Konjunktionen betont, so werden sie durch Komma abgetrennt: *, aber / , sondern / einerseits . . . , andererseits / teils . . . , teils*)
3.3 **Ausrufe, nachgestellte Beifügungen, Erläuterungen oder Hervorhebungen** werden in Kommas eingeschlossen.

4. **Nebensätze** werden von Hauptsätzen durch Komma abgetrennt. Nebensätze werden von Nebensätzen durch Komma abgetrennt – wenn sie nicht durch „und" oder „oder" miteinander verbunden sind.

5. **Infinitiv- und Partizipgruppen** können, müssen aber nicht durch Komma vom Haupsatz abgetrennt werden.
5.1 Komma muss allerdings in folgenden *Ausnahmefällen* auch bei Infinitiv- und Partizipgruppen gesetzt werden:
- wenn sie durch ein hinweisendes Wort angekündigt oder nachträglich wieder aufgenommen werden;
- wenn der übrige Satz aufgrund der Stellung der Infinitiv- oder Partizipgruppe deutlich unterbrochen wird (Behandlung wie nachgestellte Erläuterungen, vgl. Regel 3.3; Beispiele s. u.).

Neu sind die Regeln 1.1 und 5, die Ihnen die Entscheidung überlassen, ob Sie im konkreten Fall die Satzgliederung durch Komma verdeutlichen wollen oder nicht. Da gerade in diesen Fällen häufig Fehler gemacht worden sind, kann die Anwendung der neuen Regeln eine Erleichterung darstellen. Zwar entstehen dadurch neue lästige Ausnahmefälle (5.1), die aber in der Schreibpraxis seltener auftreten werden.

2 Sparsam setzen: Komma im einfachen Satz

Einfache, d. h. unkompliziert gebaute Hauptsätze enthalten bekanntlich folgende Satzglieder:

Grundgerüst:
Subjekt /Prädikat
wer? /was geschieht?

Michael	*/hört*	*/eine CD*	*/am liebsten*	*/abends*	*/in seinem Zimmer*
		/wen oder was?	/wie?	/wann?	/wo?
		/**Objekt**	/mehrere **Adverbiale**		

Attribute können die Satzglieder ausgestalten und näher bestimmen:
Michael hört eine *neu erstandene* CD am liebsten *für sich* allein in *seinem* Zimmer.

Solche Sätze enthalten kein Komma (Regel 2).
Manche Schreiber neigen aber – aus einer falschen Übergenauigkeit – dazu(,) bestimmte Adverbiale oder Attribute durch Komma abzutrennen.

3 **Korrigieren Sie, wenn zu viele Kommas gesetzt worden sind.**
Welche Regeln (siehe Seite 25) sind auf die Beispielsätze jeweils anzuwenden?

a) Trotz seiner relativ großen Plattensammlung, freut sich Michael über jede Neuerwerbung.
b) Er stöbert gern in den Regalen seines Plattengeschäfts, besonders in denen mit den gebrauchten Platten.
c) Michael, ein sonst eher stiller Typ, scheint durch den Laden zu wirbeln.
d) Er vergisst, bei allem Eifer, aber nie sein Ziel.
e) Diese, ihn besonders interessierende Platte kaufte er dann doch.
f) Mit einigen gebrauchten, billigeren Platten zusammen trug er seine Ausbeute nach Hause.
g) Zu Hause warf er die neuen, von ihm selbst gefertigten Lautsprecher an.
h) Besonders gelungen fand er die, von ihm selbst entworfenen Gehäuse.
i) Am liebsten hörte Michael eine neu erstandene CD für sich allein in seinem Zimmer, und zwar bei Kerzenlicht.

Fehlerquellen, Besonderheiten

Zu Aufgabe 3a/d (Seite 26): Das **Satzglied Adverbiale** wird oft mit zusätzlichen Erklärungen oder nachgestellten Beifügungen (Beispiele: 3b/c/i) verwechselt und deshalb irrtümlich durch Komma abgetrennt. Das Adverbiale ist selbständiger, lässt sich viel freier im Satz platzieren. Versuchen Sie deshalb im Zweifelsfall, den entsprechenden Wortkomplex im Satz umzustellen. Lässt er sich ohne Sinnentstellung verschieben, so handelt es sich um ein Adverbiale, das *nicht durch Komma abgetrennt* wird.
Beispiel 3d: *Bei allem Eifer* vergisst er nie sein Ziel.

Kommasetzung ist aber dann zulässig, wenn die Wendung ausdrücklich als nachträgliche Erläuterung betont werden soll (Regel 3.3, Seite 25).

Gegenbeispiel 3c: Michael, *ein sonst eher stiller Typ*, scheint durch den Laden zu wirbeln. Hier handelt es sich um eine **Apposition**, eine nachgestellte Beifügung im gleichen Fall wie ihr Bezugswort (Michael). Diese erläutert das Bezugswort, muss fest bei ihm stehen und wird durch Komma abgetrennt. (Regel 3.3, siehe Seite 25; zur korrekten Bildung der Apposition siehe Seite 58.)

Zu Aufgabe 3e/h: Eine **Attributkette** vor einem Substantiv wird nur dann durch Komma unterbrochen, wenn darin gleichartige Adjektive 'aufgezählt' werden (wie in Beispiel 3f/g, Regel 3.1, siehe Seite 25).
Probe mit „und": Kann man die Attribute durch „und" verbinden, so handelt es sich um eine Aufzählung, die durch Komma markiert wird: (3g) die neuen *und* von ihm selbst gefertigten Lautsprecher. Ist dies nicht möglich, so dürfen die Attribute nicht durch Komma getrennt werden: (3e) Diese ~~und~~ ihn besonders interessierende Platte.

4 **Machen Sie die Probe, indem Sie die Kommas in den folgenden Sätzen nur dort setzen, wo es nötig erscheint.** Benennen Sie jeweils die Regel.

Mozart vergrault
a) Immer mehr Ladenbesitzer in den USA greifen zu einem ungewöhnlichen Mittel gegen vor dem Laden herumlungernde Jugendliche. b) Sie spielen schmalzige Unterhaltungsmusik im Happy Sound oder auch Symphonien Klavier- und Violinkonzerte vom Band. c) Nicht Verbotsschilder oder Polizeieinsätze aber Mozart und Bach die Großmeister der klassischen Musik vertreiben die Jugendlichen. d) Die Teens kaufen ihre Snacks und sind verschwunden und zwar in Windeseile. e) Einige Ladenbesitzer schwören auf Beethovens Neunte andere auf Mozarts ‚Kleine Nachtmusik'. f) Jugendliche scheinen diese weiche traditionelle und klassische Musik zu hassen. g) Diese Aktion psychologischer Kriegsführung mit klassischen Erfolgshits richtet sich eigentlich nicht gegen alle Jugendlichen schlechthin. h) Vielmehr wollen die Ladenbesitzer gegen andere Kunden vom Kauf abschreckende Gangs vorgehen.

Aufzählung – ja oder nein?

Manchmal kann man darüber streiten, ob es sich bei einer Reihung gleichartiger Satzglieder oder Satzgliedteile tatsächlich um eine Aufzählung handelt, vor allem bei einer Reihung von Adjektiven vor einem Substantiv. Beispiel aus Aufgabe 4f (Seite 27): Jugendliche scheinen diese *weiche, traditionelle und klassische* Musik zu hassen.

Probe: Aufzählungen erkennt man daran, dass die einzelnen Glieder tatsächlich 'gezählt' und sinngemäß mit „und" oder „ebenso wie" verbunden werden können.
Beispiel: ein lustiger, lebhafter, freundlicher Hund
Probe: ein 1. lustiger, 2. lebhafter, 3. freundlicher Hund
oder: ein ebenso lustiger wie lebhafter und freundlicher Hund

Aber: ein lustiger brauner Hund
Mit dem Weglassen des Kommas wird angedeutet, dass die Charakteristika nicht gleichwertig sind: Der Hund ist vor allem als brauner Hund wiederzuerkennen, und zudem wirkt er auch noch lustig.

Ein weiteres Vergleichsbeispiel:
A Der Autor hat ein neues, überraschendes Buch vorgelegt.
B Die Autorin hat nun ein beeindruckendes lyrisches Werk veröffentlicht.
Zu B: Das Buch der Autorin ist nicht „ebenso beeindruckend wie lyrisch", sondern es handelt sich um einen Lyrikband, der beeindruckt.
Das zweite Adjektiv bildet mit dem Substantiv einen **Gesamtbegriff**. Es kann seine Stellung nicht mit dem ersten Adjektiv tauschen.

5 **Entscheiden Sie, welche Adjektivreihen in den folgenden Beispielen durch Komma getrennt werden und welche nicht.** Schreiben Sie, wenn nötig, die richtige Lösung nieder.

a) Viele technische Errungenschaften stellen zugleich gefährliche ökologische Experimente dar.
b) Das Stereo-Rack ist im aktuellen messingfarbenen Ton gehalten.
c) Die Eltern fuhren immer wieder gern in dieses schöne alte Städtchen.
d) Tinas Traumziel dagegen war und blieb der weiße karibische Strand.
e) Dieser Autor schätzt altertümliche seltene Wendungen.
f) Die vielfältigen gentechnischen Versuche werden im Hinblick auf die damit verbundenen Gefahren und Chancen sehr kontrovers beurteilt.
g) Maria zeigte früh schon eine ganz ausgeprägte sprachliche Fähigkeit.
h) Sie beherrschte bald die englische die französische die spanische und die russische Sprache.
i) Die als leichter geltenden skandinavischen Sprachen lagen ihr weniger.
j) In dem oberen grünen Ordner habe ich alles Wichtige gesammelt; es kann aber vorkommen, dass ich auch Interessantes erst verspätet lückenhaft oder überhaupt nicht abhefte.

3 Übersicht schaffen: Komma im komplexen Satz

Satzzeichen dienen dazu, die Gliederung von Sätzen zu verdeutlichen und diese damit für die Leser übersichtlicher und verständlicher zu machen. Um Satzzeichen richtig zu setzen(,) muss sich der Schreibende zunächst selbst über die Struktur seiner Sätze klar werden. Der wichtigste Ansatz dazu ist die Unterscheidung von Haupt- und Nebensätzen.

6 **Unterstreichen Sie im folgenden Text die Nebensätze(,) und setzen Sie die nötigen Kommas.**

Das Institut für deutsche Sprache in Wiesbaden möchte dass alle Bundesbürger sich an einem Sprachrätsel beteiligen das bisher ungelöst ist. Es stellt die Preisfrage welches Wort das Gegenteil von „durstig" bezeichnet. Wenn man nicht mehr hungrig ist ist man satt. Aber was ist man nachdem der Durst gelöscht ist?

Nebensätze enthalten (wie Hauptsätze) zumindest die Satzglieder Subjekt und Prädikat und unterscheiden sich vom Hauptsatz durch bestimmte Kennzeichen:

Einleitewort		*Schlußstellung des Prädikats* (finite Form)
Wenn	er	sich beeilt *hätte,...* (Konjunktionalsatz)
Gottlieb, *der*	wieder einmal zu spät	*kam,...* (Relativsatz)

Sätze, in denen die Kommasetzung Schwierigkeiten bereitet, sind oft stärker verschachtelt. Helfen Sie sich, indem Sie die Struktur der Sätze durch Unterstreichungen oder grafische Schreibung oder Zeichnung (Treppe) verdeutlichen. Suchen Sie dabei zuerst den Hauptsatz.

Beispiel für Markierung, grafische Schreibung und Zeichnung

Wollen Sie Sätze, deren Interpunktion schwierig erscheint, transparenter werden lassen, *können Sie Teilsätze durch Markierungen kennzeichnen* (Hauptsatz *kursiv*).

können Sie ...

Wollen Sie ...,   transparenter ...,

deren Interpunktion ...,

Der Hauptsatz steht jeweils an oberster Stelle. Gleiche Stufe bedeutet: gleichgeordneter Satz oder Fortsetzung eines Teilsatzes.

7 **Machen Sie sich von den Sätzen des folgenden Textes ein anschauliches Bild, z. B. in Form einer 'Treppenzeichnung'.**
Setzen Sie dann die nötigen Kommas.

Der Text stammt aus den Aphorismen von Georg Christoph Lichtenberg, 1742–1799, einem Physiker und Schriftsteller, der seine Beobachtungen, Überlegungen, satirischen Bemerkungen häufig in solcher Kurzform zu Papier brachte.

a) Den Männern in der Welt haben wir so viel seltsame Erfindungen in der Dichtkunst zu danken die alle ihren Grund in dem Erzeugungstrieb haben alle die Ideale von Mädchen und dergleichen. b) Es ist schade dass die feurigen Mädchen nicht von den schönen Jünglingen schreiben dürfen wie sie wohl könnten wenn es erlaubt wäre. c) So ist die männliche Schönheit noch nicht von denjenigen Händen gezeichnet die sie allein recht mit Feuer zeichnen könnten. d) Es ist wahrscheinlich dass das Geistige was ein paar bezauberte Augen in einem Körper erblicken der sie bezaubert hat ganz von einer anderen Art sich den Mädchen in männlichen Körpern zeigt als es sich dem Jüngling in weiblichen Körpern entdeckt.

Georg Lichtenberg: Aphorismen, Essays, Briefe. Hrsg. von Kurt Batt. Sammlung Dieterich, Leipzig 1963, S. 74. Ausschnitt. Zeichensetzung verändert, Buchstabenzählung hinzugesetzt.

Falls Sie Lichtenbergs Text als Treppe gezeichnet haben, haben Sie fast jedes Mal *absteigende Stufen* zeichnen müssen: Lichtenbergs Sätze beginnen immer mit einem Hauptsatz und knüpfen dann Nebensatz an Nebensatz, nur einmal wird ein Hauptsatz durch einen anderen unterbrochen und danach weitergeführt.
Satzeinschübe sowie die dadurch entstehende Schachtelung von Sätzen und damit die spätere Wiederaufnahme von Satzanfängen (*ein Auf und Ab bei der Treppe*) sind für den Stil vor allem älterer Schriftsteller wie Kleist oder Thomas Mann kennzeichnend.

8 **Schaffen Sie es(,) den folgenden Satz von Kleist grafisch, möglichst als Treppe, zu zeichnen und die Kommas zu setzen?**
Markieren Sie den Hauptsatz deutlich.

Kohlhaas verfolgt den verhassten Junker, der ihm schweres Unrecht getan hat:
Kohlhaas dem sich als er die Treppe vom Schloss herniederstieg die alte von Gicht geplagte Haushälterin die dem Junker die Wirtschaft führte zu Füßen warf fragte sie indem er auf der Stufe stehen blieb wo der Junker Wenzel von Tronka sei; ...

Im Schachtelsatz häufig: Komma vor „und"

Der oben angedeutete hypotaktische Stil ist, wenn auch nicht mit solcher dramatischen Wucht, beim heutigen Schreiben von informierenden, interpretierenden und argumentierenden Texten durchaus auch üblich. Für die Zeichensetzung bedeutet dies: Achtung vor ansteigenden Stufen! Oft wird an solchen Stellen nicht bewusst, dass Haupt- oder Nebensätze nach einem Einschub wieder aufgenommen werden und Satzzeichen gesetzt werden müssen.

Sehr häufig wird vor „und" irrtümlich kein Komma gesetzt, weil man nicht wahrnimmt, dass ihm ein Einschub vorausgeht, der durch Komma abgetrennt werden muss.
Jede sollte daran denken, dass ihre eigene Meinung gefragt ist, und sich nicht nur passiv die Standpunkte anderer anhören.
Die Wendung mit „und" setzt den Hauptsatz fort; das Komma schließt den davor stehenden Nebensatz ab.

9 **Setzen Sie die Kommas richtig.**

Begründen Sie die Zeichensetzung mit der Angabe der jeweiligen Regel von Seite 25. Formulieren Sie mit Hilfe dieser Übersicht eine Ausnahmeregel für die Konjunktion „und": Vor „und" steht *kein* Komma, wenn es ...

a) Der Reiseleiter rief die Teilnehmer herbei die sich an einer anderen Seite des Platzes eingefunden hatten und stieg als Letzter in den Bus.
b) Der Reiseleiter rief laut nach den Teilnehmern damit sie in den Bus stiegen und man die Reise beginnen konnte.
c) Als der Motor angelassen wurde der Bus sich in Bewegung setzte und die Fahrt aufnahm, begannen die Reisenden soweit sie nicht gleich ins Dösen verfielen sich innerlich auf den Museumsbesuch einzustellen der für den Nachmittag geplant war und sich einige der erhaltenen Hintergrundinformationen ins Gedächtnis zu rufen.
d) Sie fuhren bald in einer dichten Kolonne und die Zeit wurde zu knapp für einen Zwischenstopp.
e) Von all den van Goghs Degas' Marcs und Picassos war man doch recht ermüdet.
f) Monika wollte unbedingt einen van Gogh noch sehen und zwar den mit den verwelkenden Sonnenblumen.
g) Sie tröstete sich damit dass noch einige andere Ausstellungen auf sie warteten und dass es also reichlich Entschädigung geben würde und schlief bald übermüdet ein.

4 Neue Regelungen bei Infinitiv- und Partizipgruppen

Erweiterte Infinitive und Partizipien wurden bisher wie Nebensätze behandelt. *Nach der Rechtschreibreform müssen sie nicht mehr durch Komma abgetrennt werden.* Dennoch sollte man wissen, woran man Infinitiv- und Partizipgruppen erkennt, weil deren korrekte Verwendung in stilistischer Hinsicht beweglicher macht (s. Seite 70f.) und weil es in einigen Fällen empfehlenswert bleibt, Kommas zu setzen (s. u.).

Infinitivgruppe

Sie riet ihm(,)	sofort	zu kommen.
	Erweiterung,	Infinitiv

Partizipgruppe

Soeben	ankommend(,) wurde sie begeistert begrüßt.
Gerade	angekommen(,) musste er schon wieder gehen.
Erweiterung	Partizip

10 **Unterstreichen Sie Infinitive und Partizipien zweimal, die zugehörige Erweiterung einmal.**

a) Michaela ist bereit sich bei diesem Spiel besonders einzusetzen. b) Etwas Aufregenderes als am Endspiel teilzunehmen konnte sie sich nicht vorstellen. c) Einmal darauf hingewiesen konnte sie auch Fußfehler vermeiden. d) Der Trainer beendete sie noch einmal ermahnend das Abschlusstraining.

11 **Setzen Sie die Satzzeichen. Wo sie nach den neuen Regeln nicht obligatorisch sind, setzen Sie (,).**

[Zweifel an der Aussagekraft der Sprache]
Zuerst wurde es mir allmählich unmöglich ein höheres oder allgemeines Thema zu besprechen und dabei jene Worte in den Mund zu nehmen deren sich doch alle Menschen ohne Bedenken geläufig zu bedienen pflegen. Ich empfand ein unerklärliches Unbehagen die Worte „Geist“ „Seele“ oder „Körper“ nur auszusprechen. Ich fand es innerlich unmöglich über die Angelegenheiten des Hofes die Vorkommnisse im Parlament oder was Sie sonst wollen ein Urteil herauszubringen. Und dies nicht etwa aus Rücksichten irgendwelcher Art denn Sie kennen meinen bis zur Leichtfertigkeit gehenden Freimut sondern die abstrakten Worte deren sich doch die Zunge naturgemäß bedienen muss um irgendwelches Urteil an den Tag zu geben zerfielen mir im Munde wie modrige Pilze.

Hugo von Hofmannsthal: Ein Brief. In: Sämtliche Werke, Band 31. Fischer, Frankfurt a. M. 1975, S. 48f. Ausschnitt. Ohne die originale Kommasetzung.

Ausnahmen
Die Erleichterung, Infinitiv- und Partizipgruppen nicht mehr unbedingt durch Komma abtrennen zu müssen, wird etwas eingeschränkt durch einige Ausnahmefälle, die aufgrund weiterhin geltender anderer Regeln entstehen.

Komma muss nach wie vor gesetzt werden:
a) wenn Infinitiv- und Partizipgruppen durch ein hinweisendes Wort angekündigt oder nachträglich wieder aufgenommen werden;
b) wenn der übrige Satz aufgrund der Stellung der Infinitiv- oder Partizipgruppe deutlich unterbrochen wird (Behandlung wie nachgestellte Erläuterungen, siehe Regel 3.3, Seite 25).

Beispiele zu a:
Er schwärmte *davon*, sie schon bald besuchen zu wollen.
Sie bald einmal zu besuchen, *davon* schwärmte er schon seit langem.

Beispiele zu b:
Er, ohne seine Begeisterung zu verbergen, schwärmte von einem baldigen Besuch.
Sie saß in dem grünen Blumenzimmer, ganz in zartes Gelb gehüllt.
Sie, ganz in zartes Gelb gehüllt, saß in dem grünen Blumenzimmer.
Gegenbeispiel:
Sie saß (,) ganz in zartes Gelb gehüllt (,) in dem grünen Blumenzimmer.
(Während in den vorigen Beispielen der Satz unterbrochen oder ein Teil nachgetragen wird, ist die Partizipgruppe in diesem Beispiel wie ein normales Satzglied eingefügt.)

12 **Prüfen Sie, wo in den folgenden Fällen solche Ausnahmen vorliegen, und setzen Sie, so erforderlich, ein Komma.**

a) Sie trat auf ihn zu um sich zu verabschieden.
b) Er stand äußerlich die Ruhe bewahrend vor dem Kamin.
c) Sie doch etwas zitternd reichte im die Hand.
d) Nur mit matter Stimme flüsternd murmelte sie einen Gruß.
e) Er bereitete sich darauf vor sie mit dem nötigen Takt zu verabschieden.
f) Aber in diesem Moment konnte er sein Gefühl so lange zurückgehalten nicht mehr verbergen.
g) Und er schloss sie in die Arme tief seufzend und ergriffen.

Ausnahme können verwirren. Überlegen Sie aber, wie oft diese wohl im Vergleich zu 'normalen' Infinitiv- oder Partizipgruppen vorkommen, vor allem bei Ihrem eigenen Schreibstil.
Sie werden wahrscheinlich zu dem Schluss gelangen, dass entsprechende Wendungen seltener sind, also wirkliche Ausnahmefälle darstellen. Allgemein gesehen treten am ehesten wohl nachgetragene Partizipien, vor allem am Satzende (Beispiel g), und der angekündigte Infinitiv auf (Beispiel e).
Wie soll man sich nun im Hinblick auf die Zeichensetzung bei erweiterten Infinitiven und Partizipien grundsätzlich verhalten?

Empfehlungen zur Zeichensetzung bei Infinitiv- oder Partizipgruppen

Bedenken Sie:
Es gilt auch in Zukunft nicht als falsch, wenn Sie bei erweiterten Infinitiven und Partizipien Komma setzen. Vielmehr ist es Ihrer Entscheidung überlassen, ob Sie Komma setzen wollen, zum Beispiel, um komplexe Sätze (Beispiele im Hofmannsthal-Text, Aufgabe 11, Seite 32) durchschaubarer zu machen.
Falsch ist es allerdings nach alten und neuen Regeln, bei den genannten Ausnahmefällen kein Komma zu setzen.

Prüfen Sie,
welche Mühe Ihnen bisher die Zeichensetzung in solchen Fällen gemacht hat.

Gar keine oder wenig Mühe?
Dann setzen Sie die Zeichen wie bisher, zumindest aber dann, wenn Ihnen die Sätze verschachtelt geraten.

Viel oder sehr große Mühe?
Nutzen Sie die neue Regel 5, Seite 25, als Erleichterung. Überlegen Sie, ob in Ihrer eigenen Schreibweise überhaupt Ausnahmefälle auftreten oder ob Sie sie vernachlässigen können.

13 **Setzen Sie im folgenden Text die erforderlichen Kommas.**

Setzen Sie, wenn Sie bei der alten Regel bleiben wollen, auch die fakultativen Kommas (,).

a) Vor dem Verwaltungsgericht in Göttingen ging es darum die Hackfleischverordnung zu exekutieren. b) Um für sein „frisches Jägermett“ zu werben hatte ein Göttinger Wursthersteller in der Mündener Lokalzeitung eine entsprechende Anzeige aufgegeben. c) Gegen den „Phantasienamen Jägermett“ hatte die Stadt Münden geklagt weil der Verbraucher fälschlicherweise annehmen könne dass das Produkt Pilze enthielte und den Fabrikanten aufgefordert diese Werbung zu unterlassen. d) Außerdem sei es unzulässig mit dem Adjektiv „frisch“ für Hackfleisch zu werben weil Mett grundsätzlich am Tage der Zubereitung also frisch verkauft werden müsse. e) Der Rechtsvertreter des Fleischwarenherstellers konterte die Anklage zurückweisend solche Ausdrücke seien durchaus üblich. f) Kein normaler Verbraucher erwarte einen Jäger im Mett zu entdecken denn ebenso wenig habe er bisher einen Peter im „Hackepeter“ gesucht.

5 Zur Wiederholung

14 **Setzen Sie die nach den Regeln nötigen Kommas in folgendem Text.**
Es handelt sich um die Urfassung eines Märchens der Brüder Grimm, das ein wenig Ähnlichkeit mit einem makabren Comic hat.

Jacob und Wilhelm Grimm: Die wunderliche Gasterei
Auf eine Zeit lebte eine Blutwurst und eine Leberwurst zusammen und die Blutwurst bat die Leberwurst zu Gast. Wie es Essenszeit war ging die Leberwurst ganz vergnügt zu der Blutwurst als sie aber in die Hausthüre trat sah sie allerlei wunderliche Dinge auf jeder Stiege der Treppe deren viele waren immer etwas anderes da war ein Besen und eine Schippe die sich miteinander schlugen dann ein Affe mit einer großen Wunde am Kopf und dergleichen mehr.
Die Leberwurst war ganz erschrocken und bestürzt darüber doch nahm sie sich ein Herz ging in die Stube und wurde von der Blutwurst freundschaftlich empfangen. Die Leberwurst hub an sich nach den seltsamen Dingen zu erkundigen die draußen auf der Treppe wären die Blutwurst that aber als hörte sie es nicht oder als sey es nicht der Mühe werth davon zu sprechen oder sie sagte etwa von der Schippe und Besen: „Es wird meine Magd gewesen seyn die auf der Treppe mit jemand geschwätzt" und brachte die Rede auf etwas anderes.
Die Blutwurst ging darauf hinaus und sagte sie müsse in der Küche nach dem Essen sehen ob alles ordentlich angerichtet werde und nichts in die Asche geworfen. Wie die Leberwurst derweil in der Stube auf und ab ging und immer die wunderlichen Dinge im Kopf hatte kam jemand ich weiß nicht wers gewesen ist herein und sagte: „Ich warne dich Leberwurst du bist in einer Blut- und Mörderhöhle mach dich eilig fort wenn dir dein Leben lieb ist." Die Leberwurst besann sich nicht lange schlich die Thür hinaus und lief was sie konnte sie stand auch nicht eher still bis sie aus dem Haus mitten auf der Straße war. Da blickte sie sich um und sah die Blutwurst oben im Bodenloch stehen mit einem langen langen Messer das blinkte als wärs frisch gewetzt damit drohte sie und rief herab: „Hätt ich dich so wollt ich dich!"

In: Brüder Grimm: Kinder- und Hausmärchen, Band 2. Reclam, Stuttgart 1984, S. 461 f.

Drittes Kapitel: Texte zitieren und wiedergeben, Konjunktiv verwenden

Luigi Malerba: Die Entdeckung des Alphabets

Bei Sonnenuntergang hörte Ambanelli auf zu arbeiten und setzte sich mit dem Sohn des Gutsherrn vors Haus, denn er wollte lesen und schreiben lernen.
„Beginnen wir mit dem Alphabet", sagte der Junge, der elf Jahre alt war.
„Beginnen wir mit dem Alphabet."
„Zuerst kommt das A."
„A", sagte Ambanelli geduldig.
„Danach das B."
„Warum zuerst und dann danach?", fragte Ambanelli.
Das wusste der Sohn des Gutsherrn auch nicht.
„Man hat sie so geordnet, aber Sie können sie verwenden, wie Sie wollen."
„Ich verstehe nicht, warum man sie so geordnet hat", sagte Ambanelli.
„Der Bequemlichkeit halber", antwortete der Junge.
„Ich möchte gern wissen, warum man sie so geordnet hat", sagte Ambanelli.
„Sie stehen so in allen Büchern."
„Das heißt doch nicht", meinte Ambanelli, „dass sich vielleicht etwas ändert, wenn ich sage, zuerst kommt das B und danach das A?"
„Nein", sagte der kleine Junge.
„Dann machen wir weiter."
„Nun kommt das C, das man auf zwei Arten aussprechen kann."
„So etwas haben sich Leute ausgedacht, die ihre Zeit zu verschenken hatten."
Der Junge wusste nicht mehr, was er sagen sollte.
„Ich will meine Unterschrift lernen", sagte Ambanelli.
„Wenn ich ein Dokument unterschreiben muss, mag ich kein Kreuz machen."
Der Kleine nahm den Bleistift und ein Stück Papier und schrieb: „Ambanelli Federico".
Dann zeigte er das Blatt dem Bauern.
„Das ist Ihre Unterschrift."
„Dann fangen wir mit meiner Unterschrift noch einmal an."
„Zuerst kommt ein A", sagte der Sohn des Gutsherrn, „dann kommt ein M."
„Siehst du?", sagte Ambanelli. „Jetzt fangen wir an, vernünftig zu reden."
„Dann kommt ein B und dann noch einmal ein A."
„Gleich wie das erste?", fragte der Bauer.
„Genau gleich."
Der Junge schrieb einen Buchstaben nach dem anderen und zog ihn mit dem Bleistift nach, indem er mit seiner Hand die des Bauern führte.
Ambanelli wollte immer das zweite A überspringen, das seiner Ansicht nach zu nichts gut war, aber nach einem Monat hatte er seine Unterschrift erlernt, und abends schrieb er sie in die Asche des Herdes, um sie nicht zu vergessen. Als die von der Kornsammelstelle kamen und ihm den Schein zur Unterschrift gaben, fuhr sich Ambanelli mit der Spitze des Kopierstifts über die Zunge und schrieb seinen Namen. Das Blatt war zu schmal und die Unterschrift zu lang, aber die auf dem Lastwagen waren mit „Amban"

zufrieden, und vielleicht nannten ihn fortan deshalb viele Amban, obwohl er nach und nach lernte, seinen Namen kleiner zu schreiben, so dass er in ganzer Länge auf den Abholschein passte.
Der Sohn des Gutsherrn freundete sich mit dem Alten an, und nach dem Alphabet schrieben sie zusammen so viele Wörter, wie Ambanelli einfielen, kurze und lange, kleine und große, dünne und dicke.
Der Alte war mit so viel Begeisterung bei der Sache, dass er nachts von ihnen träumte, von Wörtern, die in Büchern geschrieben standen, auf Mauern, am Himmel, groß und flammend wie das gestirnte All. Gewisse Wörter gefielen ihm besser als andere, und er versuchte, sie auch seiner Frau beizubringen. Dann lernte er, sie miteinander zu verbinden, und eines Tages schrieb er: „Landwirtschaftliche Genossenschaft der Provinz Parma".
Ambanelli zählte die Wörter, die er gelernt hatte, wie man die Säcke voll Korn zählt, die aus der Dreschmaschine kommen, und als er hundert beisammen hatte, meinte er, ein schönes Stück Arbeit geleistet zu haben.
„Jetzt, scheint mir, reicht es für mein Alter."
Auf alten Stücken Zeitungspapier suchte Ambanelli die Wörter, die er kannte, und wenn er eines fand, war er zufrieden, als hätte er einen Freund getroffen.

Luigi Malerba: Die Entdeckung des Alphabets. Erzählungen, aus dem Italienischen von Joachim A. Frank. Suhrkamp, Frankfurt a. M. 1983, S. 7–9. Ausschnitt.

1 Wörtlich zitieren

1.1 Zeichensetzung und Schreibung

Die Erzählung von Malerba besteht weitgehend aus den wörtlichen Reden der beteiligten Figuren. Die Leser sollen deren unterschiedliche Perspektiven unmittelbar aus eigenen Worten erschließen: die Perspektive des elfjährigen Jungen, der stolz sein Schulwissen weitervermitteln will, und die des älteren Bauern Ambanelli, der seine Unterschrift können will.
Zunächst soll der Blick aber nur auf die technische Seite der Präsentation der wörtlichen Rede gerichtet werden.

1 **Welche Mittel hat der Erzähler, dem Leser klarzumachen, wer jeweils spricht?**

2 **Die wörtliche Rede wird durch Anführungszeichen hervorgehoben.** Zugleich treten Besonderheiten der Zeichensetzung sowie der Groß- und Kleinschreibung auf.
Schreiben Sie die folgenden Beispielsätze ab und ergänzen Sie die Zeichensetzung.

Warum zuerst und dann danach fragte Ambanelli.
Ich verstehe nicht warum man sie so geordnet hat sagte Ambanelli.
Der Bequemlichkeit halber antwortete der Junge.
Das heißt doch nicht meinte Ambanelli dass sich vielleicht etwas ändert wenn ich sage zuerst kommt das B und danach das A?
Nein sagte der kleine Junge.
Zuerst kommt ein A sagte der Sohn des Gutsherrn dann kommt ein M.
Gleich wie das erste fragte der Bauer.
Dann lernte er sie miteinander zu verbinden und eines Tages schrieb er Landwirtschaftliche Genossenschaft der Provinz Parma.

Überprüfen Sie die Zeichensetzung zunächst mit Hilfe der Regeln im Kasten.
Lesen Sie dann die korrekte Fassung im Text nach.

3 **Im Folgenden sind einige Begleitsätze und wörtliche Reden gegenüber dem Original umgestellt.** Wie ändern sich Zeichensetzung und Rechtschreibung? Schreiben Sie richtig.

a) Der Junge sagte beginnen wir mit dem Alphabet.
b) Warum zuerst fragte Ambanelli und dann danach?
c) Ich verstehe nicht sagte Ambanelli warum man sie so geordnet hat.
d) Der Junge antwortete der Bequemlichkeit halber.
e) Das heißt doch nicht dass sich vielleicht fragte Ambanelli etwas ändert wenn ich sage zuerst kommt das B und danach das A?
f) Zuerst kommt ein A und dann kommt ein B sagte der Sohn des Gutsherrn.
g) Das ist es rief Ambanelli.

Anführungsstriche, Satzzeichen, Groß- und Kleinschreibung

Die wörtliche Rede wird in Anführungszeichen eingeschlossen. Im Übrigen richten sich Zeichensetzung und Rechtschreibung nach der Stellung des Begleitsatzes: Ein Satz, der ein Verb des Sagens enthält, kündigt häufig die wörtliche Rede an, unterbricht sie oder folgt ihr.

1. Begleitsatz vorn

Mattis fragte: „Kann ich deine Weste heute anziehen?"
– Doppelpunkt nach Begleitsatz
– Großschreibung zu Beginn der wörtlichen Rede

2. Begleitsatz nachgestellt

„Kann ich deine Weste heute anziehen?", fragte Mattis.
„Lass bloß die Finger davon!", rief Thomas.
„Letztes Wochenende habe ich dir meinen Gürtel geliehen", maulte Mattis.
„Nein", sagte Thomas bestimmt.
– Frage- und Ausrufesätze in der wörtlichen Rede enden mit Schlusszeichen, ein Aussagesatz nicht.
– Wörtliche Rede und **Begleitsatz werden immer durch Komma** nach den Abführungsstrichen **abgetrennt** (neu: auch wenn ein Frage- oder Ausrufezeichen voran geht).
– **Kleinschreibung** zu Beginn des Begleitsatzes

3. Begleitsatz eingeschoben

„Thomas", fragte Mattis vorsichtig, „kann ich deine Weste heute anziehen?"
– Der eingeschobene Begleitsatz wird durch Komma abgetrennt.

1.2 Zitate originalgetreu übernehmen

Wörtliche Zitate aus einem anderen Text und ihre Begleitsätze werden im Hinblick auf Interpunktion und Orthographie ähnlich behandelt wie die wörtliche Rede. Einige Besonderheiten ergeben sich aus der **Funktion des Zitats**: Dieses soll meist die Gültigkeit einer Interpretation oder eines Argumentes am Originaltext **belegen**.

4 **Bei den folgenden Zitaten aus der Erzählung von Malerba wird an mehreren Stellen gegen die Zitiervorschrift verstoßen. Der Leser muss jedoch eine möglichst genaue Vorstellung vom zitierten Original bekommen.**
Überprüfen Sie durch Vergleich mit dem Original, um welche Fehler es sich handelt.

a) „Bei Sonnenuntergang hörte Ambanelli auf zu arbeiten", so wird uns gleich zu Beginn die Hauptfigur als ein durchschnittlicher Bauer vertraut gemacht.
b) Aber es handelt sich doch nicht um einen typischen erwachsenen Mitteleuropäer: „Denn er wollte lesen und schreiben lernen."
c) Der Alte hat einen merkwürdigen Lehrer: „Beginnen wir mit dem Alphabet, sagte der Junge, der elf Jahre alt war."
d) Der Junge will den älteren Bauern schulmäßig in das Abc einführen, doch der „versteht nicht, warum man sie so geordnet hat".
e) Der Alte möchte das schreiben lernen, was er in seinem Alltag braucht: „Ich will meine Unterschrift lernen, wenn ich ein Dokument unterschreiben muss, mag ich kein Kreuz machen."

5 **Versuchen Sie jeweils ein sinnvolles Zitat aus dem Text einzufügen. Es sind mehrere Lösungen möglich.**

a) Der Junge schreibt den Namen des Bauern auf ein Blatt und sagt:
b) Ambanelli sieht zunächst nicht ein, dass zwei identische Buchstaben Sinn machen, denn er
c) Aus Mangel an Schreibmaterial schreibt er seine Unterschrift zunächst
d) Dass er doch ein wenig stolz ist auf seine neuen Kenntnisse, sieht man an einer Geste, denn als er zum ersten Mal seine Unterschrift anbringen kann
e) Man nennt ihn nach dieser Aktion ‚Amban', auch später noch, als er schon, wie es humorvoll heißt
f) Ambanelli ist aber nicht allein an der Verwendung von Schrift interessiert, vielmehr regt sie auch seine Phantasie an. Wörter teilt er nach ihrer Schriftform ein in ... und er sieht sie

6 **Die folgenden Zitate sind in den Begleitsatz nicht originalgetreu eingepasst. Stellen Sie das originalgetreue Zitat wieder her und ändern Sie den Begleitsatz entsprechend.** Es sind mehrere Lösungen möglich.

a) Als Ambanelli seine Unterschrift erlernt hatte, „schrieb er sie abends in die Asche des Herdes".
b) Der Erzähler kennzeichnet das sich anbahnende enge Verhältnis des Jungen zu dem Bauern, „indem er mit seiner Hand die des Bauern führte".
c) Wie begeistert Ambanelli von seinen neuen Kenntnissen ist, zeigt sich daran, dass er „sie auch seiner Frau beibringt".
d) Wörtern, die er wiedererkennt, begegnet er schließlich „wie einem Freund".
e) Hat Ambanelli schließlich erreicht, dass „er ... lesen und schreiben" lernt, wie es zu Beginn der Erzählung heißt?

Zitierregeln

1. Wörtliche Zitate werden durch Anführungsstriche gekennzeichnet.
2. Wörtliche Zitate müssen genau übernommen werden, auch hinsichtlich Rechtschreibung und Zeichensetzung.
3. Werden Auslassungen vorgenommen, weil sie für das Gemeinte nicht so wichtig scheinen, so darf dadurch der Sinn nicht entstellt werden.
4. Auslassungen müssen durch drei Punkte gekennzeichnet werden. *„Ambanelli zählte die Wörter ..., wie man die Säcke voll Korn zählt ... ."*
5. Werden nur Teilsätze zitiert, so müssen auch sie im Wortlaut genau übernommen werden; d.h., der eigene Satz muss dem Zitat angepasst werden, nicht umgekehrt.
   Und es kam dazu, „dass er nachts von ihnen träumte".
   Zitieren Sie vollständige Sätze, wenn die Gefahr besteht, dass das Zitat sonst grammatisch oder inhaltlich verstümmelt wird.
6. Sind im Originaltext bereits Anführungsstriche enthalten, so erscheinen diese im Zitat in einfachen Anführungsstrichen.
   „‚Beginnen wir mit dem Alphabet', sagte der Junge, der elf Jahre alt war."
   „Manfred sagte, der ‚Robinson Crusoe' sei ihm das liebste Buch."
   Die Unterscheidung zwischen einfachen und doppelten Anführungsstrichen erscheint jedoch überflüssig, wenn für den Leser klar ist, dass nur oder durchgehend wörtliche Rede zitiert wird, wie etwa in der Interpretation eines dramatischen Textes.

2 Texte indirekt wiedergeben

2.1 Konjunktiv verwenden

Der Konjunktiv ist das wichtigste Kennzeichen der indirekten Rede. Da er im übrigen Sprachgebrauch selten geworden ist, fällt seine Anwendung oft nicht leicht.

7 **Schreiben Sie die Konjunktive aus dem folgenden Bericht über ein Interview heraus.**

Petra ist 12, lebt in Potsdam und steht kurz vor dem Fachabitur.
„Petra, was ist im Moment für dich das Wichtigste im Leben?“
Petra antwortet, das sei wohl die Schule und wie sie weiterkomme, ob sie einen Studienplatz erhielte und studieren könne.
„Der Studienplatz ist nicht so sicher?“
Petra meint, damit sei nicht zu rechnen. Bei dem Numerus clausus müsse man schon sehr gut sein, verlangt werde ein Durchschnitt von 2,0, und da sehe sie schwarz für sich.

8 **Korrigieren Sie, falls Konjunktive nicht korrekt gebraucht werden.** (Siehe Kasten, Seite 43.)

a) Die Journalistin fragt, ob die Lehrer denn zu streng seien. b) Petra sagt, sie fände das schon. Es wäre fast unmöglich, eine Eins zu bekommen, das würde so gehandhabt wie in den alten Bundesländern. c) Die Reporterin fragt zurück, ob das denn nach Petras Meinung anders sein sollte. d) Petra erwidert ohne Zögern, auf keinen Fall sollten Schüler in einem Teil der Bundesrepublik bevorzugt werden. e) Aber für sie habe sich doch vieles geändert; meist sei es schwieriger geworden. f) Sie wäre vielleicht auch nicht immer eine der Fleißigsten gewesen, aber jetzt würde sie sich mächtig anstrengen, um einen Studienplatz zu bekommen.

Eine Schwierigkeit: vom Mündlichen zum Schriftlichen
Im Gegensatz zur mündlichen Sprache, in der häufig Formen des Konjunktivs II oder des Konditionals gebraucht werden, muss in der Schriftform der indirekten Rede strikt der Konjunktiv I verwendet werden:
Ingrid versicherte der Polizei, sie *habe* genügend aufgepasst (nicht „sie hätte“; dieser Konjunktiv II drückt Zweifel am Verhalten aus).
Lothar versicherte, er *werde* Ingrid gern begleiten, und das tat er denn auch (nicht „er würde“; diese Konditionalform drückt Vorbehalte oder Zweifel an der Aufrichtigkeit aus).

9 **Benutzen Sie strikt den Konjunktiv I.**

a) Petra: „Nein, ich weiß schon, was ich will. Ich werde Sozialpädagogik studieren.“
Petra sagte, sie ...

b) Peter geht, kommt, schwimmt, findet, verschwindet, soll gehen, muss kommen, kann schwimmen, darf verschwinden, wird gehen, wird kommen, ist gekommen, hat gebadet, wird abgeholt. Peter sagte, er ...

Konjunktivformen der indirekten Rede
(Zitierkonjunktive)

Indikativ	Konjunktiv I	Konjunktiv II	Konditional
sie hat sie haben	sie habe	*sie hätte* sie hätten	
er ist sie sind	er sei sie seien	*er wäre* *sie wären*	
es wird sie werden	es werde	*es würde* sie würden	
sie soll sie sollen	sie solle	*sie sollte* sie sollten	
er darf sie dürfen	er dürfe	*er dürfte* sie dürften	
er muss sie müssen	er müsse	*er müsste* sie müssten	
sie kann sie können	sie könne	*sie könnte* sie könnten	
er geht sie gehen	er gehe	*er ginge* sie gingen	
sie redet sie reden	sie rede	*sie redete* sie redeten	 *sie würden reden*

Die unterstrichenen Formen sind die in der indirekten Rede gebräuchlichen Zitierkonjunktive.
Achtung: Die kursiv gesetzten Formen verändern den Sinn des Gemeinten.
In der Regel also:
Singular: Konjunktiv I (er habe);
Plural: Konjunktiv II (sie hätten);
falls dieser nicht deutlich genug: Konditional.

In der 3. Person Singular (er / sie / es habe) ist der Konjunktiv I noch ganz deutlich. In der 3. Person Plural dagegen, die in der indirekten Rede ebenfalls häufig auftritt, muss meist der Konjunktiv II als Zitierkonjunktiv verwendet werden (s. Tabelle), um den Modus zu verdeutlichen:
Ingrid und Lothar versicherten der Polizei, sie hätten genügend aufgepasst.

10 **Setzen Sie in der dritten Person Plural den Konjunktiv II, wenn keine Form des Konjunktivs I vorhanden ist.**

a) Petra (und ihre Freundin Michaela): „Nein, wir wissen schon, was wir wollen. Wir beide werden Sozialpädagogik studieren." Petra und Michaela sagten, sie ...
b) Peter und Michaela gehen, kommen, sprachen, lachen, rufen, finden, verschwinden, werden gehen, werden kommen, haben gebadet, sind gekommen, werden abgeholt, sollen gehen, dürfen kommen, müssen zuschauen.

Eine zweite Schwierigkeit: die 'Zeit'
Viele Schreiber meinen, Konjunktiv I und Konjunktiv II bezeichneten unterschiedliche Zeitstufen und müssten entsprechend eingesetzt werden. Das ist nicht der Fall:
Sylvia *sagt*, sie komme morgen. Oder: Sylvia *sagte*, sie komme morgen.
Nicht: ~~Sylvia sagte, sie käme morgen.~~ (Verlässlichkeit wird in Frage gestellt.)
Der Konjunktiv II darf nur als Zitierkonjunktiv verwendet werden, wenn kein Konjunktiv I vorhanden ist. In diesem Fall wirkt er als voller Ersatz des Konjunktivs I, d. h., er drückt keinen Zweifel am Sachverhalt aus und auch keine unterschiedliche Zeitebene:
Der Cowboy erzählte, er habe Gold gefunden, seine Kumpane hätten dagegen weniger Glück gehabt (gleichzeitig).

Will man in der indirekten Rede unterschiedliche Zeitstufen ausdrücken, so muss man zusätzlich zum Vollverb Konjunktivformen der Hilfsverben „sein", „haben" (Vergangenheit) und „werden" (Zukunft) verwenden.
Der Cowboy prahlte, nachdem er nun endlich Gold gefunden habe und ans Ziel seiner Wünsche gelangt sei, werde er demnächst einen Saloon aufmachen; zunächst aber gehe er sich waschen.

11 **Setzen Sie das folgende Beispiel in den Konjunktiv und verwenden Sie angemessene Zeitformen.**

Petra: „Früher wollte ich Kindergärtnerin werden, das hatte ich mir als Berufsziel gesetzt. Aber das ist ja jetzt aussichtslos. Mein Berufsziel soll aber schon in der Richtung liegen, die ich mir immer gewünscht habe."

2.2 Originalstellen umformen und einfügen

Indirekte Rede wird verwendet, wenn man die Aussage oder den Text eines anderen wiedergeben, aber stärker in die eigene Gedankenführung einbeziehen will. Ohne dass die Vorlage verfälscht werden darf, dürfen Textstellen – anders als im wörtlichen Zitat – im Hinblick auf die eigenen Darstellungsabsichten zusammengefasst, vereinfacht oder verdeutlicht werden.
Eine der Änderungen, die bei der Umformung einer fremden Äußerung in indirekte Rede notwendig werden, ist schon ausführlicher behandelt worden: der Konjunktiv. Es gibt noch weitere Änderungen.

Umformen in indirekte Rede

„Vom Bücherschreiben *konnte* ich hier jetzt nicht leben."
Der Autor meint,
vom Bücherschreiben *habe* er dort seinerzeit nicht leben *können.*

Veränderungen vom Zitat zur indirekten Rede:
- *Begleitsatz* (auch beim wörtlichen Zitat möglich)
- indirekte Rede als Nebensatz ohne Einleitewort
- Prädikat im *Konjunktiv*

Mögliche Änderung
- des Pronomens
- der Zeit- und Ortsangaben

Ändert sich nicht auch die Zeitstufe? Nein, es bleibt bei der Vergangenheit. Allerdings kann diese im Konjunktiv nicht durch Präteritum („konnte") ausgedrückt werden (siehe Seite 42ff.).

12 **Wovon hängt die Wahl der Zeit in der indirekten Rede ab?** Vervollständigen Sie die Sätze.

a) Soeben aus den USA gekommen, versichert der Bundeskanzler, er (zufrieden sein).
b) Der Bundeskanzler versicherte voriges Jahr in Brüssel, er (zufrieden sein).
c) Der Bundeskanzler berichtet, er (mit dem amerikanischen Präsidenten frühstücken).
d) Der Bundeskanzler berichtete damals nach seinem Brüssel-Besuch, er (gute Gespräche mit den europäischen Staatschefs führen).

Textwiedergabe durch indirekte Rede

Der Erzähler leitet die Geschichte mit der Bemerkung ein, (Begleitsatz)
bei Sonnenuntergang habe Ambanelli aufgehört zu arbeiten,
um schreiben zu lernen. (Redesatz)
Der Autor betont / behauptet / gibt zögernd zu,
vom Bücherschreiben *habe* er dort damals nicht leben *können.*
Heute *beziehe* er allerdings ganz gute Tantiemen.

Begleitsätze:
Zeit: in der Regel die eigene Schreibzeit, also Gegenwart
(seltener: Der Autor hatte / hat noch 1950 behauptet ..., heute dagegen sagt er ...)
Gestaltung: Verben des Sagens variationsreich einsetzen, zur eigenen Deutung nutzen (behauptet, gibt zu)

Redesätze:
Zeit: hängt davon ab, ob der Inhalt für die im Begleitsatz erwähnte Person vergangen, gegenwärtig oder zukünftig ist
(in Erörterungsaufsätzen und Facharbeiten überwiegend Gegenwart, bei der Interpretation einer Erzählung auch Vergangenheitsformen)
Gestaltung: Redesätze sind auch als selbständige Hauptsätze möglich:
(Heute beziehe er ...)
Dies wirkt bei längeren Passagen indirekter Rede flüssiger.

13 **Begleitsätze, vor allem Verben, variieren.**

Schreiben Sie Begleitsätze entsprechend den jeweiligen Äußerungen und formen Sie diese in indirekte Rede um.

Der Moderator in einer Standpunkt-Show

a) „Unser Gast behauptet: Der Verzehr von Gummibärchen dient dem Weltfrieden. Wie begründen Sie das?“ b) „So habe ich das nicht gesagt!“ c) „Aber immerhin haben Sie geschrieben, der Verzehr von Gummibärchen stimme friedlich.“ d) „‚Das langsame Kauen‘, steht in meinem Buch!“ e) „Na, immerhin, was sagt unser Experte vom Verband der Süßwarenhersteller?“ f) „Grundsätzlich sind wir natürlich sehr einverstanden ...“ g) „Als Elternvertreterin bin ich empört ...“ h) „Sie sollten gelegentlich ein paar Bärchen naschen!“ i) „Lieber Gast, Sie sind noch nicht wieder an der Reihe!“ j) „Hören wir doch Frau Knoop vom Tierschutzverband!“

14 **dass-Sätze als Redesätze?**

Die Dame versichert, dass sie am liebsten die grünen isst/esse.
Wenn der Redesatz als dass-Satz formuliert wird, muss nicht unbedingt Konjunktiv stehen.

Diese Bequemlichkeit wird jedoch mit weiteren Fehlerquellen und einer großen Umständlichkeit bei längeren Textwiedergaben erkauft.

Formulieren Sie die folgenden Redewiedergaben flüssiger, indem Sie die Begleitsätze bis auf den ersten entfernen und die – nicht immer korrekten – dass-Sätze durch Hauptsätze oder erweiterte Infinitive ersetzen.

a) Die Tierschützerin sagte, dass sie sich eher für Haustiere zuständig fühlte. b) Sie fuhr damit fort, dass man sich bei Gummibärchen selbstverständlich über die Zuordnung streiten könnte. c) Weiter führte sie aus, dass sie es in jedem Fall pervers findet, dass man tierähnliche Gestalten zu sich nimmt. d) Sie sagte dann noch, dass man doch auf den guten alten Kaugummi zurückgreifen sollte und dass Tierschützer ohnehin die friedlichsten Menschen sind.

15 **Verwandeln Sie nun eine längere Passage des oben zitierten Interviews in indirekte Rede mit entsprechenden Begleitsätzen.** Die Journalistin fragt .... Petra antwortet ....

„Hilfst du gerne?“
„Ja, ich helfe wirklich gerne. Sonst würde ich auch das Studium nicht machen wollen. Das muss man persönlich auch können und wollen. Andere wollen lieber Karriere machen, viel Geld verdienen. Das ist mir nicht so wichtig. Vielleicht liegt das an meiner Familie. Mein Onkel und meine Tante sind gehörlos, und dadurch bin ich schon früh mit der Problematik von Behinderten beschäftigt gewesen. Das ist für mich etwas ganz Normales – zu helfen. Ich denke, meine Eltern haben mich auch so erzogen, an andere zu denken. Deshalb finde ich ja auch so schlimm, was jetzt passiert.“
„Was passiert denn?“ – „Dass das Ich-Denken sich so verbreitet hat ... Jeder denkt jetzt nur an sich.“ – „War das zu DDR-Zeiten anders?“
„Auf jeden Fall! ... Ich war damals Helferin bei der Volkssolidarität. Da hatte man in der Schule eine Paten-Oma oder einen Paten-Opa. Für die hat man immer eingekauft. Das fand ich eigentlich ziemlich schön.“
„Aber niemand hindert dich daran, das fortzusetzen.“
„Aber die Organisation ist kaputt gegangen, und ich muss ehrlich sagen, ich hab' auch gar keine Zeit mehr jetzt, wirklich keine Zeit.“ ... – „Es ist also auch aggressiver geworden?“ – „Ja und ich begreife nicht, woher das kommt. Wenn ich sehe, dass schon die ganz Jungen da rumrandalieren ...“ ... – „Was sollte man denn mit denen machen?“
„Ich weiß nur, dass man mit härteren Strafen nichts erreicht. Gut, die jemanden umgebracht haben, die müssen bestraft werden, aber ich denke, mit denen muss man reden. Das ist ein Problem, mit dem sich die ganze Gesellschaft beschäftigen muss, ohne Scheuklappen, sonst wird's noch viel schlimmer.“

Interview-Texte nach: „Irgendwie ist es kälter“. Mit Petra sprach Vera Gaserow. Die Zeit, 31. 12. 92. Ausschnitt.

3 Verlässlich zitieren

16 **Vergleichen Sie den folgenden Kurzbericht A mit dem Artikel B, der sich mit A beschäftigt.**

Beurteilen Sie, in welchen Sätzen von B das Original A
1. verlässlich wiedergegeben,
2. nicht angemessen oder entstellt wiedergegeben,
3. etwas ausgeschmückt, aber doch in seinen Absichten richtig getroffen wird.

Untersuchen Sie im Einzelnen,
welche der *wörtlichen Zitate*
- stimmen,
- falsch,
- überflüssig sind;

welche der *indirekten Redesätze*
- angemessen,
- unangemessen erscheinen;

welche *Begleitsätze*
- neutral bleiben,
- erlaubte Kommentare enthalten,
- die Tendenz der Studie unzulässig entstellen.

Ziehen Sie die Hilfen auf der nächsten Seite zu Rate.
Verbessern Sie Text B, soweit dies möglich erscheint.

A Kurzfassung einer Studie der Bertelsmann Stiftung über Leseverhalten
Werden im Zeitalter der neuen Medien überhaupt noch Bücher gelesen? Dies ist eine der Fragen, die in einer Studie der Bertelsmann Stiftung über das Leseverhalten der bundesdeutschen Bevölkerung gestellt wird. Die Studie befasst sich überdies besonders mit dem Leseklima in der Familie und den Leseerfahrungen und Lesekarrieren der Menschen.
Ein überraschendes Ergebnis ist, dass mehr Mädchen als Jungen und mehr Frauen als Männer häufig Bücher lesen. Die genauen aktuellen Prozentzahlen: 42 Prozent der Frauen geben an, viel zu lesen, gegenüber 31 Prozent der Männer. Aufgrund von früheren Untersuchungen zeigt sich hier eine steigende Tendenz: Lesen wird immer mehr zur Domäne von Frauen. Die Männer gehen der Lesekultur verloren.
Signifikant verschieden ist auch die Motivation, die Frau oder Mann zum Buch greifen lässt. Männer lesen häufig nur zur Information; Frauen dagegen empfinden Lesen als ganzheitliches Erlebnis, das nicht nur rational verarbeitet wird, sondern auch emotional große Bedeutung hat.
Gleichsam nebenher ergibt sich aus der Studie, dass Leser ein geselligeres Verhalten zeigen als Nicht-Leser oder Weniger-Leser.

B Lesen – Domäne der Frauen?

a) Im Schlaraffenland der Medien gibt es immer noch ein Ding, das nicht auf Knopfdruck losdröhnt, anscheinend aber dennoch genutzt wird: das Buch. b) Werden denn „überhaupt noch Bücher gelesen“?, fragt eine Studie der Bertelsmann Stiftung. c) Ist das „Leseklima in der Familie“ geeignet, heute noch „Lesekarrieren der Menschen“ zu fördern?, ist eine weitere Frage der Studie. d) Die Autoren kommen zu der Vermutung, dass viel mehr Frauen als Männer gelegentlich zum Buch greifen. e) Aufgrund früherer Untersuchungen stellen die Forscher die These auf: „Die Männer gehen der Lesekultur verloren.“ f) Allerdings müssen die Autoren eingestehen: „Männer lesen häufig zur Information.“ g) Über die Lesemotivation von Frauen heißt es dagegen etwas nebulös, sie sei besonders gefühlvoll. h) Sollen wir also glauben, Lesen sei eine Sache bewegter einsamer Herzen?

Wörtliches Zitat oder indirekte Rede?

Grundsätzlich gilt: Keine Belegform darf den Originaltext verfälschen.

Wörtliche Zitate lassen das Original in den Vordergrund treten; sie sollten – außer in literarischen Interpretationen – sparsam, gleichsam als Höhepunkte verwendet werden; in keinem Fall dürfen sie anstelle einer eigenen Auslegung, Kommentierung, Auseinandersetzung eingesetzt werden. Man verwendet wörtliche Zitate

- zur Untersuchung der Sprache eines Autors (Zitat als Sprachmaterial, etwa in der literarischen Interpretation),
- als Ausgangspunkt der Interpretation oder der Auseinandersetzung mit dem Text (Zitat einer Kernstelle),
- zur Bestärkung oder Hervorhebung der eigenen Deutung oder Schlussfolgerung (Zitat als Beleg eines eigenen Hauptgedankens),
- manchmal auch zur Ergänzung oder Weiterführung des eigenen Gedankengangs.

Indirekte Redewiedergaben stellen stärker in den Vordergrund, was der Schreiber aus dem anderen Text an Interpretation oder Gedanken herausholt. Sie enthalten immer schon erste Deutungen des Textes, und zwar durch geringfügige oder stärkere Veränderungen an der Sprache des Originaltextes und durch den Begleitsatz, der kleinere oder größere Kommentierungen erlaubt. Indirekte Redewiedergabe verwendet man vor allem,

- wenn Textstellen vereinfacht oder komprimiert zusammengefasst werden sollen,
- wenn man damit unmittelbar eine eigene Deutung oder Kommentierung verbinden will.

Viertes Kapitel: Satzbau verbessern – stilistisch genau und beweglich schreiben

In diesem Kapitel geht es um Verbesserungen in Grammatik und Stil. Dabei steht die grammatische Anwendung stärker im Vordergrund, denn Grammatikfehler gelten allgemein als unverzeihlich, während es im Bereich des Stils um Angemessenheit des Ausdrucks, aber nicht eigentlich um Fehler geht. Nun kann man beides nicht vollständig trennen (dies geschieht in diesem Kapitel auch nicht): Wird ein Satz inhaltlich überladen, was eigentlich eine Stilfrage ist, so können dabei grammatische Fehler auftreten, weil man selbst den Durchblick durch den eigenen Satzbau verloren hat.

Den Durchblick zu behalten muss deshalb eines der Ziele dieses Kapitels sein. Bestimmte Regularien und Bauformen, die auf einer einfacheren Stufe des Schreibens nahezu beherrscht werden, sollen im Hinblick auf anspruchsvolleres Lesen und Schreiben noch einmal bewusst gemacht und kontrolliert angewendet werden. Dies soll dabei helfen, zugleich weniger grammatische Fehler zu machen und einen klareren Stil zu schreiben.

Im Vordergrund kann dabei weder die theoretische Beschäftigung mit Grammatik (auch wenn ein paar grammatische Begriffe fallen) noch die Behandlung aller verwirrenden Zweifelsfälle („als“ oder „wie“?, „brauchen“ ohne „zu“?) stehen.

Schlagen Sie oft in Wörterbüchern nach, wenn Ihnen beim Schreiben Zweifel kommen: zunächst im Rechtschreiblexikon, dann in einem Wörterbuch sprachlicher Zweifelsfälle, schließlich in einer Grammatik; für Fragen des Ausdrucks in: Bedeutungslexikon, Fremdwörter- und Synonymlexikon oder im Bildwörterbuch. Viele dieser Hilfsmittel gibt es auch in Taschenbuchform.

Insgesamt soll es in diesem Kapitel darum gehen, **grundsätzliche Strategien zu üben** oder zu festigen, die dazu beitragen können,

- **Fehler zu vermeiden,**
  indem man korrekte Formen benutzt und für grammatische Übereinstimmung im Satz sorgt,
- **größere Genauigkeit zu erzielen**
  durch Beachtung der Anschlüsse und Bezüge im Text,
- **mehr sprachliche Beweglichkeit zu gewinnen,**
  indem man sich Satzbauvarianten klarmacht und erprobt.

1 Subjekt und Prädikat abstimmen

Auch bei fortgeschrittenen Schreiberinnen und Schreibern gibt es noch eine Scheu vor dem Gebrauch bestimmter grammatischer Formen wie etwa des Genitivs oder des Konjunktivs. Vor allem aber macht es, wie bereits angedeutet, der eigene anspruchsvoller werdende Stil nicht immer leicht, Sätze so zu durchschauen, dass man auf Anhieb erkennt, welche grammatische Abstimmung nötig ist oder wie der Zusammenhalt gesichert wird.
Um den Zusammenhalt im Satz zu verdeutlichen, gehen wir kurz auf das Satz-Grundgerüst zurück. Das Grundgerüst des Standardsatzes wird durch das Subjekt (wer? oder was?) und *das Prädikat* (was geschieht? *kursiv* gesetzt) gebildet.

Die Sonne *scheint.*
Die Sterne *scheinen.*
Der Film *ist entwickelt worden.*
Die Filme *sind entwickelt worden.*
Du *hättest* ihn *sehen sollen.*
Ihr *hättet* ihn *sehen sollen.*

Das Prädikat bezieht sich auf das Subjekt. Die veränderliche, sogenannte finite Verbform des Prädikats richtet sich in Zahl und Person nach dem Subjekt des Satzes. Damit ist eine Selbstverständlichkeit des täglichen Sprachgebrauchs benannt. Nur sind Sätze, auch Ihre eigenen, selten so einfach und überschaubar wie solche grammatischen Beispielsätze. Und damit fangen die Schwierigkeiten an.

1 Wer oder was ist das Subjekt?
Setzen Sie das Prädikat in die richtige Form und unterstreichen Sie den Subjektkern.
Beispiel: *Die besten Sportler aus allen Ländern* ~~bereitet~~ / bereiten sich auf die Olympischen Spiele vor. (Das Subjekt im weiteren Sinne ist *kursiv* gedruckt, das Subjekt im engeren Sinne oder der Subjektkern unterstrichen.)

a) Eine Menge von politischen Umwälzungen in der Welt prägt / prägen das Bild der Olympischen Spiele.
b) Zum Schutz der Schaulustigen sind / ist an den Straßenrändern riesige Mengen von Stroh aufgefahren worden.
c) Eine Handvoll Zuschauer hatten / hatte sich schon früh in der Nacht eingefunden.
d) In Barcelona ist / sind eine ganze Reihe Sportarten erstmals ins Programm der Olympischen Spiele aufgenommen worden.
e) Mit Bergen von Abfall wird / werden das Heer der Hilfskräfte noch lange zu tun haben.

Mengensubstantive können Zweifel im Hinblick auf den Numerus des Subjekts und damit auf die richtige Prädikatsform wecken:
Ein Pulk von Menschen säumte die Straßen.
Singular Plural Singular
Besteht das Subjekt aus mehreren Substantiven, die einen unterschiedlichen Numerus aufweisen, so richtet sich das Prädikat nach dem Subjektkern, dem Subjekt im engeren Sinne („ein Pulk säumte").

2 **Versuchen Sie zu begründen, warum die Prädikate in den folgenden Sätzen so richtig sind.** Welche Wörter bilden jeweils das Subjekt im engeren Sinne?

a) Der spanische König und seine Gemahlin *werden* Olympia *eröffnen.*
b) Am Rande des Festes *wird* der König mit seiner Gemahlin 40 Staatsoberhäupter *begrüßen können.*
c) *Wird* ein Sportler aus der ehemaligen Sowjetunion oder eine Athletin aus der Dritten Welt den Eid sprechen?
d) Die technische und die künstlerische Vorbereitung des Eröffnungsfestes *scheinen* hervorragend gelungen.
e) Nicht nur der Ablauf, sondern auch die Atmosphäre *begeisterte* die Zuschauer.

Weitere Zweifelsfälle

Der König, seine Frau und der Präsident begrüßten den Fackelträger.
Mehrere Subjekte werden gereiht. Werden sie durch Komma oder durch „und" zu einer Mehrzahl verbunden, dann steht das Prädikat im Plural.

Der Präsident oder *seine Frau* wird den Wohltätigkeitsball eröffnen.
Zwei mögliche Subjekte, die aber einander ausschließen oder austauschbar erscheinen. Das Prädikat steht im Singular. Meist ist der Prädikatbezug durch „oder", „entweder ... oder", „nicht nur ... sondern auch" usw. gekennzeichnet.
In solchen Fällen muss aber häufig nach dem gemeinten Sinn entschieden werden.

Der Fackelträger stand da und auch *der Präsident* des Olympischen Komitees.
Zwei Subjektteile, aber die Personalform des Prädikats steht dazwischen und deshalb im Singular. (Kommt seltener vor, Gegenbeispiel: Der Fackelträger und der Präsident standen da.)

3 **Setzen Sie das Prädikat in den richtigen Numerus.**

a) Auf dem Fernsehschirm erschien / erschienen die Mannschaft der heutigen GUS mit ihrem Fahnenträger und die des in fünf Länder zerfallenen Jugoslawiens.
b) Es folgte/n die Delegationen von Estland, Lettland, Litauen.
c) Kann / Können eine solche Fülle von Nationalvertretern zum Weltfrieden beitragen?
d) Den musikalischen Rahmen lieferte/n ein Sinfonieorchester, eine Jazzcombo und eine Rockband.
e) Bei solchen Anlässen kann / können wohl kaum über Verbesserungen in den internationalen Beziehungen geredet werden.
f) Erst die Verständigung unter den Menschen selbst brächten / brächte der Welt mehr Frieden.

4 **Berichtigen Sie die folgenden Sätze, falls Sie eine mangelnde Übereinstimmung zwischen Subjekt und Prädikat erkennen.**
Machen Sie sich die Verhältnisse im Satz dadurch klar, dass Sie bei den in Frage stehenden Satzgliedern die Personalform des Verbs zweimal, den Subjektkern einmal unterstreichen.

a) Das Spielerische der Spiele, die seit München immer neue Rekorde sportlicher und ökonomischer Art zu verzeichnen hatten, sind ohnehin immer mehr in den Hintergrund gedrängt worden.
b) Wohin man auch sieht, Kapital, Kalkül und Kalkulation, ob im Hinblick auf die Rekorderwartung oder im Sinne des Umsatzes, regiert Barcelona.
c) Es wurde, ehe die restlichen 3,5 Millionen in den Verkauf kamen, ein Fünftel der Tickets an 40000 Sponsoren vergeben.
d) Die 27 Weltrekorde von Seoul sind nicht wiederholbar, ebenso wenig die gesamte sportliche Bilanz.
e) Unklar ist bisher, ob der Streit innerhalb der zerfallenden Nationen oder gar der Nord-Süd-Konflikt wieder einmal Anlass zum Terrorismus bieten wird.
f) Trotzdem werden die Spiele vielen Menschen Freude bringen, wenn die Menge der Athleten ihr Können zeigen und einige Männer und Frauen die begehrten Medaillen in Empfang nehmen werden.

Das letzte Beispiel enthält eigentlich zwei Nebensätze: „.... wenn die Menge der Athleten ihr Können *zeigen wird* und einige Männer und Frauen die begehrten Medaillen in Empfang *nehmen werden.*" Die **Zusammenfassung solcher Teilsätze** – hier durch Einsparen eines Prädikatsteils („wird") – ist üblich, weil sie stilistisch flüssig wirkt. In diesem Fall ist die Auslassung jedoch nicht möglich, weil die **Teilsätze** Subjekte mit unterschiedlichem Numerus enthalten. **Die Personalform des Verbs muss für beide Subjekte korrekt gesetzt werden.**
(Vgl. zu solchen häufig auftretenden Fehlern auch den Abschnitt „Falsche Sparsamkeit", siehe Seite 62ff.)

2 Auf alle Fälle korrekt

Der enge grammatische Zusammenhalt im Satz wird nicht nur durch die Abstimmung von Subjekt und Prädikat bewirkt. Dazu tragen auch Verb und Präposition bei, welche die Fallsetzung des nachfolgenden Satzgliedes bestimmen und damit eine engere Bindung schaffen.

Carmen *erinnert* sich gern (wessen?) *ihrer Grundschulzeit.*
Carmen erinnert sich gern *an* (an wen?) *ihre Grundschulzeit.*

Bei solchen Beispielen zur Fallsetzung der Objekte wird das meiste intuitiv richtig gemacht. Manche Sprecher und Schreiber haben allerdings bei der Unterscheidung von Dativ (wem?) und Akkusativ (wen? oder was?) Schwierigkeiten, weil diese Fälle im Mündlichen, besonders im Dialekt, oft nur ungenau unterschieden werden: Rolf hat (wem?) sein' Bruder (wen? oder was?) ein' Werkzeugkoffer mitgebracht.

5 **Setzen Sie die Objekte in den richtigen Fall.**
Führen Sie den jeweiligen Beispielsatz auf ein Grundmuster mit dem Verb im Infinitiv zurück. Beispiel: Paul versprach dem Trainer seine Teilnahme. → jemand*em* etwas versprechen

a) D... Sieger überreichte der Präsident ein... Pokal.
b) Paul hielt sein... Freundin d... damals gegeben... Versprechen entgegen.
c) Er konnte dies... unmögliche... Verhalten kein... gute... Seite... abgewinnen.
d) Tobias bemühte sich, d... alte... Freund nicht d... Geringste nachzutragen.
e) Reumütig flehte Dirk sein... arme..., geplagte... Eltern um ein... hundertprozentige Erhöhung seines Taschengeldes an.
f) Sie unterstützten dies... ungehorsam... Knabe... bei sein... zweite... Versuch, die Aufnahmeprüfung zu bestehen.

> Werden bei der **Unterscheidung von Dativ** (wem? jemandem) **und Akkusativ** (wen? jemanden) noch grundsätzliche Fehler gemacht, so sind besondere Übungen unter Anleitung nötig.
> Hilfen:
> Bei mehreren Objekten steht die Person häufiger im Dativ, die Sache im Akkusativ; das Dativobjekt geht im durchschnittlichen Satz dem Akkusativobjekt voran:
> Der Präsident überreichte *dem Sieger* (Person, Dativobjekt) *einen Pokal* (Sache, Akkusativobjekt).

Manchmal ist man auch unsicher, welche **Präposition** mit einem Verb verbunden werden muss.

6 **Vervollständigen Sie die Sätze, indem Sie die richtige Präposition und den richtigen Fall benutzen.**

a) Britta ängstigt sich ... (ihr ehemaliger Freund).
b) Peter beschwert sich ... (ihr Verhalten).
c) Ralf knüpft ... (Peters Ausführungen).
d) Ich freue mich ... (der farbige Strauß aus dem Bauerngarten).
e) Immer mehr Menschen sorgen sich ... (der Erhalt der Natur).

> Wenn Sie unsicher sind, **mit welchen Präpositionen ein Verb verbunden** werden kann oder muss, dann sehen Sie im Wörterbuch nach. Meist reicht ein normales Rechtschreiblexikon.

Präpositionen verlangen ihrerseits in der Regel eine bestimmte **Fallsetzung**.

7 **Setzen Sie den durch die Präposition geforderten Fall.** Formulieren Sie um oder verbessern Sie.

a) Wider ... (das bessere Wissen) scheitern 4 × 400m-Staffeln oft an einer einfachen Regel.
b) Gemäß ... (das Reglement) muss jede Mannschaft die erste Runde in einer bestimmten Bahn durchlaufen.
c) Bugatti geriet bei dem Stabwechsel zwischen ... Läufer aus Kenia und ... aus Ghana; zwischen ... (sie) eingeklemmt, verlor er den Staffelstab.
d) Wegen ... (dieses Missgeschick) verlor die Mannschaft das Rennen.
e) Die italienische Mannschaft erreichte infolge ... (der starke Schlussspurt) von Mennea noch die Bronzemedaille.
f) Die Schaulustigen füllten den ganzen Raum in ... und um ... (das Stadion) herum.
g) Sie drängten sich dicht im Eingangsbereich und in ... (die Gänge).

> **Kasus nach Präpositionen**
>
> Genitiv: abseits, dank, trotz, während, wegen, oberhalb, unweit, längs, mittels (wessen?)
> Dativ: mit, samt, nebst, nächst, gemäß (wem?)
> Akkusativ: durch, um, für, gegen, wider, ohne (wen? oder was?)
> Dativ (Lage: wo?) oder Akkusativ (Richtung: wohin?): an, auf, hinter, in, neben, unter, über, vor, zwischen

Die Beispiele d und e der Aufgabe 7 verweisen auf ein Problem der Deklination, das sich nicht auf die Fallsetzung nach einer Präposition beschränkt: **den rechten Gebrauch des Genitivs.**
Da der Genitiv im Mündlichen immer weniger benutzt wird, empfindet man ihn als ungewöhnlich, scheut seinen Gebrauch auch im Schriftlichen. Hier lockern sich die strengen Regeln zwar auch, aber es gibt sehr viele Fälle, in denen er zwingend vorgeschrieben ist oder in denen seine Vermeidung als ungelenk und umständlich empfunden wird.

8 **Berichtigen Sie die Beispiele, in denen der Genitiv gesetzt werden sollte.**

a) Manchmal lohnt es sich eben doch, sich der Führung von einem Ortskundigen zu versichern.
b) Nun will ich mich auch keineswegs wegen meinem Verhalten besonders rühmen.
c) Aber schließlich hatte ich Luis Trenkers sein berühmtes Buch über die Südtiroler Alpen gelesen.
d) Dank den Vorarbeiten des Michael hatten wir auch einen Wanderplan.
e) Und schließlich lugte die angestrebte Bergspitze direkt hinter den Bäumen oberhalb von unserer Hütte hervor.
f) Das verschmitzte, vielleicht auch hämische Lächeln von den Einheimischen, die unserem Auszug zusahen, hätte uns warnen sollen.
g) Unweit von der letzten Jausenstation und abseits den gängigen Wegen merkten wir bald, warum wir eine etwas professionellere Führung bedurft hätten.

Genitiv
Außer nach bestimmten Verben und Präpositionen findet sich der Genitiv besonders häufig innerhalb von Attributketten, z. B. als Ausdruck von Besitz oder Zugehörigkeit:

am Morgen *des folgenden Tages*

Lisas Brief	aber: der Brief *von Thomas* („s“ bereits am Wortende) nicht: ~~Thomas’ Brief~~
der Hut *meines Vaters*	umgangssprachlich: von meinem Vater auf keinen Fall: ~~mein Vater sein Hut~~

3 Gleichsetzungen gleich deklinieren

Christian nennt *seinen Freund* einen schlimmen Lügner.
Satzglieder, die anderen gleichgesetzt werden, müssen unbedingt im gleichen Fall stehen. Im Beispiel ist ein sogenannter Gleichsetzungsakkusativ (unterstrichen) dem Akkusativobjekt gleichgestellt.

9 **Verbessern Sie, falls die Gleichsetzung nicht korrekt ist.**

a) Einen sehr großen Erfolg, den er erst auf den letzten Metern erringen konnte, ist für Bugatti der Sieg im 400-m-Endlauf.
b) Der schon sagenhafte und einmalige Triumph über den eigentlich favorisierten Spezialisten aus Kenia hält der Sportler allerdings für seine größte Leistung.
c) Die Veranstaltung schuf im Publikum zwei Lager: den Fans des Favoriten und den Anhängern des Außenseiters.
d) Der Sport bedient sich heute effektiverer Finanzierungsmethoden, z. B. Bandenwerbung und die Hilfe von Sponsoren.
e) Drei Dinge sind festzuhalten: die Niederlage des Favoriten, den deutlichen Erfolg des Außenseiters und einen Triumph der Fairness.
f) Als eigentlich neutralem Berichterstatter, der nur getreulich zu berichten hat, fiel es dem Journalisten schwer, sich zurückzuhalten.
g) Trotz des massiven Einsatzes der Sponsoren, eine Firma aus Hongkong und die wenig bekannte Bank von Singapur, siegte ein Nobody.

10 **Formen Sie aus den eingeklammerten Sätzen Appositionen und fügen Sie diese in die davor stehenden Sätze ein.**
Vergessen Sie die Kommasetzung nicht.

Beispiel: Das Jahr 1992 wurde festlich begangen. (1992 war das sogenannte Kolumbusjahr.) → Das Jahr 1992, das sogenannte Kolumbusjahr, wurde festlich begangen. Oder: Das Jahr 1992 wurde als das sogenannte Kolumbus-Jahr festlich begangen.

Vor 500 Jahren gelang Kolumbus die ‚Entdeckung Amerikas'. (Kolumbus war ein italienischer Seefahrer in spanischen Diensten.) Dem spanischen König hatte er einreden können, dass man Indien auch auf dem Seeweg erreichen könne. (Indien war wegen seiner Reichtümer ein begehrtes Ziel.) Steuere man strikt westwärts, so werde man die Erde umrunden und Indien von der anderen Seite, aber auf dem bequemen Seeweg erreichen. (Die Erde sei bekanntlich eine gewaltige Kugel.) 1492 erreichte Kolumbus mit den karibischen Inseln endlich „sein Indien". (Die karibischen Inseln bilden gleichsam den Außenposten von Mittelamerika.) Diese Entdeckung bietet mit ihren Folgen eigentlich wenig Anlass zu lärmendem Feiern. (Die Folgen waren die Unterwerfung oder Ausrottung der entdeckten Völker und eine unglaubliche Plünderung ihrer Reichtümer.)

Die am häufigsten auftretende Gleichsetzung ist die **Apposition (Beifügung im gleichen Fall)**, eine Form des Attributes.

Sie kann durch „als" oder „wie" mit dem Satzglied **verbunden** werden, auf das sie sich bezieht:
Mir als arbeitendem Menschen fällt es schwer ...

Häufiger steht sie **unverbunden** (in Kommas) hinter dem entsprechenden Satzglied:
Das macht *mir,* einem hart arbeitenden Menschen, sehr zu schaffen.

In beiden Fällen muss der **Kasus** der Apposition mit dem des entsprechenden Satzgliedes **übereinstimmen**:
- mein Bekannter (wer?), ein wahrer Experte im Glücksspiel, ...
- der Ruf meines Bekannten (wessen?), eines wahren Experten im Glücksspiel,
- meiner Nachbarin (wem?) als großer Meisterin im Kuchenbacken gelang ...
- Die Küche wandte sich an meine Nachbarin (wen?) als große Meisterin im Kuchenbacken.

11 **Berichtigen Sie, falls Sie Fehler in der Fallsetzung entdecken.**

a) Am Dienstag, den 14. Juli, wurde Ganesh Sittampalam, ein 13-jähriges britisches Wunderkind, ein Universitätstitel verliehen. b) Großbritannien feierte den Londoner als jüngster Universitätsabsolvent. c) Als Auswärtigem hatte ihn die Universität Ganesh zum Mathematikstudium zugelassen, das er nach zwei Jahren, die kürzest mögliche Dauer, beendete. d) Mit Auszeichnung und als zweitbestem Teilnehmer gelang Ganesh eine unerhörte Leistung. e) Nach den Worten Sir Guildfords, dem Vertreter der Universität, ist dieser frühe Erfolg weltweit ohne Parallele. f) „Aber", so hört man von Herrn Maslow, seinem Schulrektor in Wimbledon, „Ganesh ist ein ganz normaler Junge, der in anderen Fächern durchaus nicht so weit vor seinen Klassenkameraden liegt."

4 Adjektive richtig einpassen

Bisher ging es darum, wie Satzglieder einander im Satz bestimmen und wie sie mit Hilfe des richtigen Formengebrauchs deutlich aufeinander abgestimmt werden. *Abstimmungen* müssen jedoch auch *im Inneren von mehrteiligen Satzgliedern oder Attributen* erfolgen.

Kolumbus, *ein italienischer Seefahrer*, „entdeckte“ als Erster Amerika.
Dem Kolumbus, *einem italienischen Seefahrer*, gelang als Erstem die „Entdeckung“ Amerikas.

Dabei richten sich Adjektive oder andere Begleiter wie Artikel oder Pronomen in Geschlecht, Fall und Zahl nach dem zugehörigen Substantiv. Dies macht allerdings meist nur bei der Deklination der Adjektive Schwierigkeiten und auch hier nur in bestimmten Fällen.

12 **Berichtigen Sie, falls Adjektive falsch gebeugt sind.**
Begründen Sie die Korrektur.

Erwachsensein ist doch von großen Vorteil. Dem erwachsenen Sohn oder Tochter können Eltern nichts verbieten. Bei gelegentlichem Streit und Auseinandersetzung kann der junge Mann oder die junge Frau eigene Rechte geltend machen. Andererseits kann man vom Elternhaus nicht nur als altmodischen Erziehungsanstalt reden. Und schließlich können Eltern umgekehrt von ihren erwachsenen Nachkommen aktiven Beistand und Hilfestellungen erwarten.

Schwierigkeiten bei der Deklination der Adjektive
A Falsch: mit ~~feinen~~ Pinsel
Richtig: mit *feinem* Pinsel
B Falsch: mit einem ~~feinem~~ Pinsel
Richtig: mit *einem feinen* Pinsel

Schwierigkeiten macht fast nur der dritte Fall, der Dativ (wem?).
In beiden Beispielen wird die richtige Deklinationsart nicht beachtet. Denn das Adjektiv hat zwei unterschiedliche Deklinationsarten, je nachdem, ob ein Artikel davor steht (Fall B: „einem“) oder nicht (Fall A). Statt eines Artikels können auch Pronomen wie jene, diese, meine, kein, viel, alle, einige (nach „ein“ unregelmäßigere Fallsetzung) als „Artikelwort“ fungieren. Zusätzliche Fehlerursache in Beispiel B ist wahrscheinlich die – irrige – Vorstellung, Artikel- und Adjektivendung müssten übereinstimmen.

Deklination des Adjektivs

ohne Artikelwort	*mit Artikelwort (Artikel, Pronomen)*
(stark)	**(schwach)**
... guter Mann	*der* gute Mann
Kinder ... armer Eltern	die Kinder *dieser* armen Eltern
mit ... feinem Pinsel	mit *einem* feinen Pinsel
in ... ferne Länder	in *jene* fernen Länder

13 **Setzen Sie die richtigen Endungen.**

a) ein Ereignis mit eigenartig ... Hintergrund – mit mein... neue... Boot
b) nach getane ... Tagewerk – nach ein ... vorzüglich ... Mittagessen
c) in schön... Gewand – im hübsch... Hinterstübchen
d) unter dicht... Gesträuch – unter dies... alt... Baum
e) Wein zu gebraten... Entenbrust – zur cremig... Suppe
f) zu ein... mit viel... Vorschusslorbeeren bedachte... und mit groß... Vorfreude erwartet... Festessen einladen
g) bei laut..., fröhlich... Mahl – bei ein... kühl..., trocken... Wein

Selbst wer das Adjektiv in der Regel richtig dekliniert, wird zuweilen unsicher:

Artikelwort und Adjektiv können weit auseinander stehen. Erleichtern Sie sich die Übersicht durch eine Weglassprobe.

Auf *dem* ~~infolge Schneefalls völlig~~ *zugeschneiten* Wege ...

14 **Machen Sie die Weglassprobe. Setzen Sie das Adjektiv in den richtigen Fall.**

a) Katharina wollte mit diesem ihr wegen seiner Aufdringlichkeit und Unaufrichtigkeit unsympathischen/m Menschen nichts zu tun haben.
b) Mit einem kaum durch den anwesenden Beamten erklärbaren/m Geräusch setzte sich das Fahrzeug von allein in Bewegung.
c) In der mit Gas und Flocken reichlich gefüllten/m Kugel breitete sich eine sanfte Schneedecke aus.
d) Wegen der seit Wochen infolge der Inflation in der Bevölkerung wachsende/n/r Unruhe verhängte die Regierung den Ausnahmezustand.
e) In dieser heikle/n und wegen der hohen Lebensmittelpreise explosive/n Situation beschlossen die Generäle, die Macht zu übernehmen.
f) Da entschloss sich der Oppositionsführer zu einem so von niemanden/m erwarteten/m, überraschenden/m Schritt.

15 **Beim Substantiv stehen mehrere Adjektive. Werden die Endungen unterschiedlich oder gleich gesetzt?**

Setzen Sie Adjektive und andere Begleiter des Substantivs in den richtigen Fall.

Das Fleisch vom Strauß ist besser als das d... meist... ander... Tiere. Das jedenfalls hört man neuerdings ebenso von selbst ernannt... oder tatsächlich... Gourmets wie von ein... einschlägig... Experten. In Geschmack und Gewebe mit ein... jung..., zart... Lendenstück vom Rind vergleichbar, ist das Fleisch des Laufvogels besonders mager und kalorienarm. Auch in d... ausufernd... Diskussion um d... lästig... Cholesterin wird d... schnell..., aber flugunfähig... Strauß der Vorzug gegeben. Ein Braten vo... größt... Vogel der Welt kommt gesundheitsbewusst... Amerikaner allerdings teuer. Deshalb entwickelte sich in den USA aus d... zu Anfang d... achtzig... Jahre nur wenig... Straußenfarmen ein... florierend..., von etlich... Investoren unterstützt... Geschäftszweig.

Mehrere Adjektive
vor einem Bezugswort werden **parallel**, also mit gleichen Endungen dekliniert:
in *scharfem, unnachgiebigem* Ton – wegen *langer, schwerer* Krankheit

Artikel und Adjektiv
werden dagegen **nicht parallel** gebeugt.
in einem *scharfen, unnachgiebigen* Ton
wegen einer *langen, schweren* Krankheit

Falsch ist also:
in scharfem, ~~unnachgiebigen~~ Ton
in einem ~~scharfem~~

Der Grund für die unterschiedliche Beugung von Artikel und Adjektiv ist wohl der: Wenn der Artikel vorhanden ist, zeigt er die starke Beugung an; ist er nicht vorhanden, übernimmt das Adjektiv selbst die starke Beugung.

5 Falsche Sparsamkeit? Auslassungen und Zusammenziehungen

Dieser Abschnitt bezieht sich insofern auf die vorhergehenden, als es noch einmal um Deklination und Abstimmung im Satz geht. Die Fehler in den folgenden Beispielen kommen aber nicht durch falsche Verwendung grammatischer Formen zustande, sondern dadurch, dass ein Wort oder ein Satzteil ganz ausgelassen wird.
Auslassungen und Zusammenziehungen sind häufig ein gutes Stilmittel, um unnötige Wiederholungen zu vermeiden und um Sätze flüssiger erscheinen zu lassen. Werden dabei aber bestimmte grammatische Regeln nicht beachtet, dann erscheinen Sätze brüchig, Bezüge werden unklar, inhaltliche Aussagen unverständlich.

16 Falsche Auslassungen bei Aufzählungen

In welchen Fällen führt der Versuch, Wiederholungen zu vermeiden durch Einsparung eines Begleitwortes, zu einem grammatischen Fehler? Korrigieren Sie, falls nötig.

a) Bei Dienstschluss verlassen die meisten Menschen eilig ihren Betrieb, Geschäft oder Firma.
b) Produktion, Dienstleistungen und Verkehr sind Grundlagen unserer Wirtschaft.
c) Abends beschäftigen sich die Berufstätigen mit einem interessanten Hobby oder anderen Vorliebe, schalten Radio oder Fernseher an.
d) Nehmen brutale Gewalt und Sex im Fernsehen zu? Manche sensiblen Frauen und Männer glauben das.
e) In seinem Zorn und großen Empörung warf Josef den Aschenbecher nach der Mattscheibe.
f) Aufgrund ihrer mangelnden Urteilskraft und Kritiklosigkeit sehen und hören viele Menschen, was gerade gesendet wird.

Auslassungen (Ellipsen) bei Aufzählungen
Begleiter (Artikel, Adjektive, Pronomen), die nicht nur zu einem, sondern zu mehreren Substantiven gehören, sollten eingespart werden, um Wiederholungen zu vermeiden:
Ihre schönen Möbel, Kleider und Accessoires haben mir immer gefallen.

Unterscheiden sich die Substantive allerdings nach Geschlecht und Zahl, so müssen die Begleiter wiederholt oder variiert werden:
Falsch: Besonders gern trägt sie ihr altes Brokatkleid, [?] Schmuck und [?] Handtasche.

Oft empfiehlt es sich, **Sätze oder Teilsätze durch Auslassen 'doppelter' Satzglieder zusammenzuziehen**, um den Text stilistisch flüssiger zu gestalten.
Beispiel: A Möhren, Kohlrabi, Kartoffeln *wurden* geerntet. B Sie *wurden* auf die bereitstehenden Lastwagen geladen.
→ A/B Möhren, Kartoffeln, Kohlrabi wurden geerntet und auf die bereitstehenden Lastwagen geladen.
(Auslassung von übereinstimmendem Subjekt und *Prädikatsteil*)
Werden Sätze allerdings allzu flüchtig zusammengefasst, dann kommt es zu Auslassungsfehlern.

17 **Welches Satzglied ist in den folgenden Sätzen ausgelassen worden?** Berichtigen Sie, falls nötig.

a) Das Fernsehen ist zum wichtigsten Medium unserer heutigen Lebenswelt und für viele Menschen, z. B. für ältere, auch zum wichtigsten Kontaktmittel mit der Umwelt geworden.
b) Wem etwas im Fernsehen nicht passt, kann ohne weiteres abschalten.
c) Die Fernsehbeiträge sehen allerdings nicht nur Erwachsene und Heranwachsende, sondern sprechen auch Kinder an.
d) Den Nachteilen eines allzu ausgedehnten Fernsehkonsums kann nicht mit Mahnungen und Verboten begegnet werden, sondern sollte durch die Konkurrenz von Spiel und Spaß eingeschränkt werden.
e) Niemand will auf die Annehmlichkeiten des Fernsehens verzichten und unbedingt auf dem neuesten Stand der Empfangstechnik sein.

Fehler beim Auslassen von Satzgliedern
Falsch: Über die Pläne wurde viel diskutiert, ~~kaum jedoch gehandelt.~~
Richtig: Über die Pläne wurde viel diskutiert, *es* wurde jedoch selten danach gehandelt.
Sätze können nur zusammengezogen werden, wenn sie tatsächlich gemeinsame, weglassbare Bestandteile haben.

Falsch: Ein Teilnehmer war dafür, ~~alle anderen dagegen~~.
Richtig: Ein Teilnehmer war dafür, alle anderen *waren* dagegen.
Satzteile können nur ausgelassen werden, wenn die grammatische Abstimmung im Satz nicht darunter leidet. In diesem Fall könnte das Prädikat nur eingespart werden, wenn die zugehörigen Subjekte im Numerus übereinstimmten.
Einige Teilnehmer waren dafür, alle anderen dagegen.

18 **Berichtigen Sie die folgenden Sätze, falls nötig.**
Welche Bestandteile sind ausgelassen worden?

a) Was soll man z. B. von diesen endlosen Familienclan- und Wer-mit-wem-Serien halten, die tagsüber im Fernsehen laufen und besonders viele Hausfrauen sich ansehen?
b) Bevor eine davon zu Ende gebracht oder nach mehreren Jahren abgesetzt wird, muss ihre Zuschauerzahl in den USA oder in Brasilien auf null gegangen sein.
c) Im Wesentlichen bestehen diese Billigprodukte aus Großaufnahmen von zwei Menschen unterschiedlichen Geschlechts, von denen der eine Tränen in den Augen und beide diesen Schafsblick haben.
d) Gute Serien zu machen, darüber wurde oft nachgedacht, selten aber realisiert.
e) Diese Serie musste aufgrund von Zuschaueranrufen verändert und einzelne Teile nachgedreht werden.
f) Die Heldin wird gerettet, mit ihrem Geliebten auf die Malediven fahren und von vielen Frauen beneidet.
g) Eine weitere Frage, die in diesem Zusammenhang zu stellen ist, ob der Bildschirm – sei es der am Fernsehgerät, sei es der am PC – zum Ersatz für Wirklichkeit wird.

Zu einigen Feinheiten
Nicht gut: Die Leute, die ich eingeladen hatte und meinen Freund noch nicht kannten, zeigten sich überrascht.
Besser: Die Leute, *die* ich eingeladen hatte *und die* meinen Freund noch nicht kannten, zeigten sich überrascht.
Die beiden „die" haben unterschiedliche Funktionen: *Wen* hatte ich eingeladen? *Wer* kannte meinen Freund noch nicht?

Nicht gut: Das Geschenk wird bald gebracht und wird dir bestimmt Freude machen.
Besser: Das Geschenk wird bald gebracht und *es* wird dir bestimmt Freude machen.
„Geschenk" und „es" sind zwar zusammengehörige Subjekte, sie treten aber in unterschiedlichen Aktionsformen auf, das „wird" hat unterschiedliche Bedeutung: Was wird mit dem Geschenk gemacht? Was wird das Geschenk tun? (Passiv – Aktiv/Futur)

Fazit: Satzteile, die unterschiedliche grammatische Aufgaben haben, sollten selbst dann nicht ausgespart werden, wenn sie gleich aussehen und klingen, weil die Verständlichkeit sonst leidet.

6 Überladene Sätze entlasten (Relativsätze nutzen)

Relativsätze sind Nebensätze, die ein Bezugswort näher bestimmen. Sie haben damit eine ähnliche Funktion wie die Beifügungen (Attribute).
Attribut: das Kleid (was für ein?) *aus reinem Brokat*
Relativsatz: Das Kleid (was für ein?), *das aus reinem Brokat gefertigt war*, ...
Relativsätze können deshalb – richtig gebraucht – zur klareren Gestaltung und damit zur Entlastung von Sätzen beitragen, die andernfalls mit Attributen überladen werden.
Statt Attribut: Katharina wollte mit diesem *ihr wegen seiner Aufdringlichkeit und Unaufrichtigkeit unsympathischen* Menschen nichts zu tun haben (Aufgabe 14a).
Relativsatz: Katharina wollte mit diesem Menschen, *der ihr wegen seiner Aufdringlichkeit und Unaufrichtigkeit unsympathisch war*, nichts zu tun haben.

19 **Entlasten Sie die überladenen Sätze im folgenden Text, indem Sie aus Attributen Relativsätze formen.**
Gehen Sie wie im Beispiel oben („Katharina") vor: Suchen Sie die dicht gedrängten oder geschachtelten Beifügungen, machen Sie damit eine Weglassprobe: Aus den Attributhäufungen, die man weglassen kann, ohne den Satz grammatisch zu zerstören, formen Sie Relativsätze.

Aggression als sozialer Notruf?
a) Immer öfter hört man von brutal aufeinander einprügelnden Schülern. b) Das Ausmaß und die Heftigkeit der an einer immer stärker steigenden Zahl von Schulen üblichen Gewalt erschrecken unbeteiligte Schülerinnen und Schüler. c) Auch auf schon lange kampfunfähig am Boden liegende Opfer wird ungehemmt eingeschlagen. d) So steht es jedenfalls in einer in der letzten Woche auf einer pädagogischen Fachtagung in Hamburg vorgestellten Studie. e) Erschreckend ist nach Professor Hurrelmann vor allem die anscheinend durch kein Mitleid und keinen Ehrenkodex gebremste Brutalität. f) Neben einer bei etwa einem Fünftel der Schüler festgestellten sozialen Bindungslosigkeit und Verwahrlosung macht der Forscher aber auch viele nur auf Leistung ihrer Kinder bedachte und jedes Schulversagen ahndende Eltern, große und ungepflegte Schulgebäude sowie die gerade sozial schwache Kinder stark prägende Gewaltdarstellung in den Medien verantwortlich. g) Gewalttaten müsse man auch als nach Beziehung, individueller Förderung und stärkerer Solidarität verlangende Hilferufe interpretieren, gibt der Forscher zu bedenken.
Nach dpa 21. 1. 1993.

Konstruktionsfehler kommen beim Relativsatz häufig vor. Sie betreffen die grammatische Abstimmung, die Auslassungsmöglichkeiten, aber auch die Stellung im Gesamtsatz.

20 **In jedem der folgenden Beispiele steckt ein Fehler, der mit der Konstruktion des Relativsatzes zu tun hat.**

Können Sie die unterschiedlichen Fehler erkennen und bezeichnen? Verbessern Sie die Beispiele.

a) In den USA gibt es Straußenfarmen, von denen die Produkte gern genossen werden.
b) In den USA gibt es Straußenfarmen, die reißenden Absatz finden und sich ein florierender Geschäftszweig entwickelt hat.
c) Straußenfarmen sind zu einem Geschäft geworden, was stark floriert.
d) Aufgrund zunehmender Nachfrage sind eigene Straußenfarmen in den USA entstanden, die sich zu einem florierenden Geschäft entwickeln.
e) Da sie sich gesündere Fleischkost versprechen, schließen sich in den USA immer mehr Verbraucher dem Trend, der erst noch in den Anfängen zu stecken scheint, an.

Zum richtigen Gebrauch des Relativpronomens

21 **Setzen Sie die Relativpronomen.**

Rentenbeiträge für Schülerjobs?

Schülern und Studenten, ... Portemonnaie chronisch leer ist und ... deshalb in den Ferien jobben wollen, stellen sich häufig folgende Fragen: Müssen für den Verdienst, mit ... Hilfe vielleicht nur das Taschengeld aufgebessert werden soll, Rentenversicherungsbeiträge gezahlt werden? Was sind die Genzen, innerhalb ... ein Verdienst beitragsfrei bleibt? Es gibt die Faustregel, ... ein reiner Ferienjob beitragsfrei bleibt.

Zahl, Geschlecht, Fall

a) auf dem Bauernhof,	*der* in der Heide liegt, ...
b) auf den Höfen,	*die* in der Heide liegen, ...
c) auf dem Bauernhof,	*unter dessen* Dach ich lange geweilt habe, ...
d) auf den Höfen,	*deren* ich mich gern erinnere, ... (nicht „derer“)

Geschlecht und Zahl des Relativpronomens richten sich nach dem Bezugswort, sein Fall nach seiner Funktion im Relativsatz (in a/b Subjekt, in c/d Objekt).

Besteht der Relativsatz aus zwei Teilsätzen, so kann sich der Fall des Relativpronomens ändern. Das zweite Pronomen darf dann nicht ausgelassen werden:
Auf dem Bauernhof, *der* in der Heide liegt und *den* ich immer so geliebt habe, ...

Die gebräuchlichen Relativpronomen sind „der", „die", „das". Vom bestimmten Artikel unterscheiden sie sich nur im Genitiv.

Artikel:	des Mannes	der Frau	des Kindes	der Menschen
Relativpronomen:	*dessen* Frau	*deren* Mann	*dessen* Kind	*deren* Kinder

„Welcher", „welche", „welches" gelten als altmodisch.

Fragewörter sollten in der Regel nicht als Ersatz für die gebräuchlichen Relativpronomen genommen werden.
Falsch: Ich gebe dir das Buch zurück, ~~was~~ du mir geliehen hast.
Der, ~~wo~~ mir das Buch geliehen hat, soll es zurückgeben.
Aber:
Vieles, was du tust, ... Ich sage dir *das, was* ich weiß.
„Was" steht insbesondere nach unbestimmten Mengenangaben wie *etwas, alles, vieles, manches, einiges* oder nach sächlichen Pronomen wie *das, dasselbe.*
Das Land, *wo* die Zitronen blühen, ...
„Wo" darf bei räumlichen Angaben ausnahmsweise als Relativpronomen benutzt werden.

22 **Berichtigen Sie, falls Relativpronomen falsch gebraucht werden.**

a) Komplizierter wird die Regelung für den, der nicht nur während der Ferien arbeitet und sich einige weitere Fragen stellen muss. b) Da gibt es zunächst einmal Schüler und Studenten, wozwischen unterschieden wird. c) Schülern, deren Eltern selbst wenig Geld haben und deshalb auf Jobs über die Ferien hinaus angewiesen sind, bleibt der Beitrag nur erspart im Falle einer geringen Arbeitszeit, die zwei Monate oder 50 Tage im Jahr nicht übersteigt oder wo der Umfang unter 15 Wochenstunden bleibt und der Verdienst unter 500 DM. d) Das Zubrot, was sich Schüler nach dem Abitur, aber vor der Studienzeit hinzuverdienen, wird genauso behandelt. e) Manches, was bisher behandelt worden ist, gilt auch für Studenten, insbesondere die Ferienregel. f) Für Arbeiten im Semester jedoch, die also während des eigentlichen Studiums stattfinden und das Studium beeinträchtigt werden kann, müssen sie Beiträge zahlen, wenn die wöchentliche Arbeitszeit mehr als 15 Stunden beträgt.

Zur Stellung und Anwendung des Relativsatzes

23 Ist die Stellung des Relativsatzes angemessen?

Im Folgenden werden einige Beispielsätze aus Aufgabe 20 variiert. Vergleichen Sie, ob die Stellung des Relativsatzes jetzt angemessen scheint, sonst verbessern Sie.

a) (Vgl. 20d) Bei entsprechender Nachfrage könnten auch eigene Straußenfarmen in Europa entstehen, die sich vielleicht ebenfalls zu einem florierenden Geschäft entwickeln würden.
b) (Vgl. 20e) Immer mehr Verbraucher schließen sich in den USA einem Trend, der erst noch in den Anfängen zu stecken scheint, zu anscheinend gesünderer Fleischkost an.
c) Welche Formulierung scheint gelungener?
Der Trend könnte sich zu einem Riesengeschäft entwickeln, der aber noch in den Anfängen steckt. – Der Trend, der aber noch in den Anfängen steckt, könnte sich zu einem Riesengeschäft entwickeln.

Zur Stellung des Relativsatzes

1. Zwischen Bezugswort und Relativsatz darf kein Wort stehen, auf das sich der Relativsatz ebenso beziehen kann.
Falsch: Eine *Schülervollversammlung* ist nicht von der Schulleitung einzuberufen, *zu der möglichst alle Schüler kommen sollen.*
Richtig: Eine *Schülervollversammlung, zu der möglichst alle* ..., ist nicht ...

2. Der Relativsatz muss aber nicht unmittelbar hinter dem Bezugswort stehen. Denn zusammengehörige Teile des übrigen Satzes sollen durch den Relativsatz nicht auseinander gerissen werden.
Richtig: Auf *das Treffen* mit meinem ältesten Freund und dessen Schwester, *das schon lange geplant war*, habe ich mich sehr gefreut.
Nicht etwa: Auf das Treffen, das schon lange geplant war, mit meinem ältesten Freund ...

24 Formen Sie Relativsätze und platzieren Sie sie richtig.

Beispiel: Der Geruch von Stinktieren macht einigen Menschen überhaupt nichts aus. *Der Geruch von Stinktieren ist bestialisch.*
→Der Geruch von Stinktieren, *der bestialisch ist*, macht einigen Menschen überhaupt nichts aus.

a) Im Gegenteil: Sie lieben das stinkende Sekret so abgöttisch wie andere Parfüme. Das stinkende Sekret feuern die Tiere bei Gefahr im Handstand aus ihrem 'Allerwertesten' ab.

b) Die Fans der Stinktiere haben sich im Whiffy's Club (whiffy = übel riechend) zusammengeschlossen. Sie werden auch Skunks genannt.
c) Die Vorsitzende des Klubs ist Marilyn, eine Geschäftsfrau aus Ohio. Sie verkauft zugleich Skunk-Sekret in kleinen Flaschen an die Mitglieder.
d) Es handelt sich hier um eine Fehlsteuerung des Geruchsempfindens, nimmt Charles Wysocki an. Er ist selbst Skunk-Liebhaber und wissenschaftlicher Mitarbeiter eines Zentrums für chemische Sensorik.
e) Wysocki meint, dass es in der Nase möglicherweise zwei Empfangsorte für Duftstoffe gibt. Der eine übermittelt das Gefühl „angenehm", der andere das Gefühl „unangenehm" an das Gehirn.
f) Je nach Veranlagung des Menschen könnte dann auch der Skunkgeruch als angenehm empfunden werden. Aufgrund der Veranlagung wird das eine oder das andere Signal stärker ankommen.

Eine Stilfrage
Im folgenden Satz ist der Relativsatz offensichtlich falsch platziert, was eine Stilblüte hervorbringt.
Der *Ballon* befand sich über der Ehrentribüne des Bürgermeisters, *der später platzte.*
→ Der *Ballon*, *der später platzte*, befand sich über der Ehrentribüne des Bürgermeisters.
Trotz Stellungskorrektur ist der Gebrauch des Relativsatzes hier stilistisch schlecht.
Der Relativsatz soll das Bezugswort näher bestimmen, aber keine später eintretenden Ereignisse enthalten, die die Gedankenführung im Gesamtsatz unterbrechen.
Besser: Der Ballon schwebte genau über der Ehrentribüne des Bürgermeisters. Bedauerlicherweise platzte der Ballon kurze Zeit später noch vor der Landung. (Vgl. auch Aufgabe 23c.)

25 **In welchen der folgenden Beispiele wird der Relativsatz stilistisch nicht angemessen angewendet?**
Formulieren Sie um.

a) Wir aßen mit großem Vergnügen drei Portionen Austern, von denen uns übel wurde.
b) Meine Freundin, die ich endlich fand, suchte ich lange.
c) Er spürte den Schlag, der ihn verfehlte, und warf sich zur Seite.
d) Vom ersten Hören der Musik, die er später so sehr lieben sollte, war er zutiefst berührt.
e) Marie, die die Tür laut zuschlug, rannte aus dem Zimmer.

7 Flüssig formulieren (Nebensätze verkürzen)

Lassen sich Nebensätze durch erweiterte, sogenannte satzwertige Infinitive ersetzen, so entstehen oft kürzere und flüssigere Formulierungen. Werden dabei aber nicht bestimmte Zusammenhänge zwischen Hauptsatz und zu verkürzendem Nebensatz beachtet, so werden die Bezüge im Satz unklar, zuweilen werden unfreiwillig komische Effekte erzielt. (Zur Zeichensetzung siehe Seite 32ff.)

26 **Prüfen Sie, ob der Bezug zwischen erweitertem Infinitiv und Hauptsatz deutlich und korrekt ist.**
Falls nicht, korrigieren Sie die Konstruktion. Der erweiterte Infinitiv ist *kursiv* gesetzt, er ist auch am „zu" zu erkennen.

a) Das Radio hörte nicht auf(,) *immerzu dasselbe Gedudel von sich zu geben.*
b) *Anstatt das Gerät abzuschalten und ein gutes Buch zu lesen*(,) lief die Sendung weiter.
c) Die Mutter rief laut nach ihm(,) *um das Radio abzustellen.*
d) *Um sich zu unterhalten*(,) stehen überall in der Wohnung Geräuschverursacher.
e) Schließlich fischte Eduard nach der Fernbedienung, freilich nur(,) *um damit keinerlei Erfolg zu haben.*

Satzwertige Infinitive
In der Regel bezieht sich der erweiterte Infinitiv auf das Subjekt des übergeordneten Satzes:
Ich wäre froh(,) *sie einmal wiederzusehen* (= wenn *ich* sie einmal wiedersehen könnte).
Ich schrieb ihr(,) *um sie wiederzusehen* (= in der Absicht, sie ...; damit *ich* sie ...)
Falsch: Ich schrieb ihr(,) ~~um eine ablehnende Antwort zu erhalten.~~

27 **Prüfen Sie, ob der Bezug zwischen Partizipialkonstruktion und übrigem Satz deutlich und korrekt ist.**
Falls nicht, verbessern Sie die Konstruktion.

a) *Von der Mutter genervt*(,) stand Eduard schließlich vom Sofa auf und stellte den Lärm ab.
b) *Nach dieser Tat in Tiefschlaf versinkend*(,) bereitete die Mutter für ihren Sohn ein besonderes Dessert.
c) *Mit viel Sahne bedeckt*(,) stellte die Mutter das Gericht neben das Sofa.
d) Das Dessert wurde(,) *aus erholsamem Schlaf erwacht*(,) sofort verspeist.
e) So verbrachte Eduard(,) *mal faulenzend, mal guter Musik zugetan*(,) den letzten Ferientag.

Satzwertige Partizipien
stellen meist verkürzte Relativsätze dar. Wie bei diesen muss auch bei den satzwertigen Partizipien der Bezug zu einem Satzglied des übergeordneten Satzes ganz deutlich sein.

Dies gelingt am ehesten, wenn sich das Partizip auf das Subjekt bezieht: *Über das ganze Gesicht lachend*, lief sie auf ihn zu. (= Sie, die über das ganze Gesicht lachte, lief auf ihn zu. Oder: Sie lachte über das ganze Gesicht und lief auf ihn zu.)

Soll das erweiterte Partizip an andere Satzglieder anknüpfen, so muss geprüft werden, ob der Bezug unmissverständlich ist. In dem Fall sollte die Partizipialkonstruktion unmittelbar hinter dem Bezugswort erscheinen: Schließlich erblickte er *die Geliebte, seinen letzten Brief in den Händen haltend* (= die seinen letzten Brief in den Händen hielt).

28 **Prüfen Sie, ob Sie die kursiv gesetzten Teile in satzwertige Infinitive oder Partizipien verwandeln können, die in einen Gesamtsatz eingebaut werden.**
Sie müssen etwas Geduld aufbringen und mehrere Umformungen probieren. Sie können zum Beispiel versuchen, das Verb in eine Partizipform (halten → haltend, gehalten) oder in den Infinitiv zu setzen (lachen → zu lachen, um zu lachen, ohne zu lachen), und damit eine Formulierung ausprobieren.
Denken Sie auch an die Zeichensetzung (siehe Seite 32–34).

Essstörungen bei Jugendlichen
a) Viele junge Menschen tun alles, *damit sie so schlank wie möglich werden.* b) *Manche Mädchen leiden schon unter Magersucht.* Sie reduzieren die Nahrungszufuhr unter das Mindestmaß. c) Andere essen viel zu viel in sich hinein; *sie können ihre Esssucht einfach nicht bremsen.* d) Wieder andere essen ebenfalls allzu viel auf einmal. *Nur erbrechen sie sofort nach den Mahlzeiten.* e) Wichtig ist, *dass diese Erscheinungen nicht als bloße Störungen, sondern als Krankheiten betrachtet werden.* f) *Wenn sie nämlich als ernsthafte Krankheiten angesehen werden*, werden die sogenannten Essstörungen auch eingehender behandelt. g) Viele Mädchen, *die auf 35 Kilo und weniger abgemagert sind*, müssten dringend im Krankenhaus behandelt werden. h) Es ist für Therapeuten nahe liegend, *dass sie die Ursache solcher Erkrankungen*, von denen auch Jungen betroffen werden, *im heutigen Schlankheitsideal suchen.* i) Immer häufiger machen Psychologen jedoch Entwicklungsstörungen, *die in früher Kindheit erlitten wurden*, für den Ausbruch solcher Krankheiten verantwortlich.

8 Zeitformen angemessen gebrauchen

Der Gebrauch der Zeiten in Texten ist weitgehend eine Frage der Stilistik.
Als Verstoß gegen die Grammatik gilt vor allem, wenn die Zeitverhältnisse zwischen aufeinander folgenden Sätzen (besonders bei Haupt- und Nebensatz) nicht korrekt wiedergegeben werden. Fehler unterlaufen vor allem bei der Darstellung von Vorzeitigkeit.

29 **Unterstreichen Sie in den folgenden Beispielen die Sätze oder Nebensätze, die eine Vorzeitigkeit ausdrücken.**
Korrigieren Sie falsche Zeitformen.

a) Elfie, Ronny und Margret fahren morgen, wie wir verabredet haben, mit dem Frachter nach Labrador.
b) Leider kann ich nicht mitfahren, weil mein Pass nicht rechtzeitig fertig wurde.
c) Nachdem sie ihre Sachen gepackt hatten, machen sie sich ohne mich auf den Weg.
d) Erzählt wird von geheimnisvollen Vorgängen in einem heute zerstörten Schloss in Locarno. Ein Bettelweib, das man dort zunächst aufgenommen hatte, wird von dem Besitzer ihres Platzes verwiesen.
e) Da sie dabei stürzte, stirbt sie an den Folgen der Verletzung.
f) Ein potentieller Käufer, der eine Nacht allein in dem Schloss geschlafen hatte, berichtet völlig verstört von einer Spukerscheinung.
g) Nachdem der Marchese ebenfalls Zeuge des Spuks geworden war, zündet er das Schloss an und kommt in den Flammen um.

30 **In der vorigen Aufgabe ist die Hauptzeit die Gegenwart, in dieser ist es die Vergangenheit.**
Verfahren Sie entsprechend.

a) Die vom Hochwasser Eingeschlossenen wurden, nachdem die Retter ihre Häuser erreicht haben, mit Nahrungsmitteln versorgt.
b) Das Wasser bedeckte alle Felder, auf denen bis vor kurzem noch wertvolles Getreide stand.
c) Kleist, der früh seinen Vater, dann auch seine Mutter verlor, trat in das Gardebataillon Potsdam ein.
d) Nachdem er freiwillig aus dem Dienst geschieden ist, verlobte er sich mit Wilhelmine von Zenge, eine Bindung, die aber nicht lange gehalten hat.
e) Obwohl seine Schaffenskraft kaum nachließ, hielt Kleist sein dichterisches Werk für gescheitert.

Ist die **Hauptzeit das Präsens**, so wird die **Vorzeit durch Perfekt** ausgedrückt. Der Regen *hat* sich wieder *verstärkt (Perfekt)*; daher *droht (Präsens)* erneut Hochwassergefahr.

Ist die **Hauptzeit das Präteritum**, so wird die **Vorzeit durch Plusquamperfekt** ausgedrückt.
Der Regen *hatte* sich wieder *verstärkt (Plusquamperfekt)*; daher *drohte (Präteritum)* erneut Hochwassergefahr.

Das Plusquamperfekt stellt auch die Vorzeit zum Perfekt dar.
Da der Regen sich inzwischen *gelegt hatte, haben* wir die Deicharbeiten völlig erschöpft *aufgegeben.*

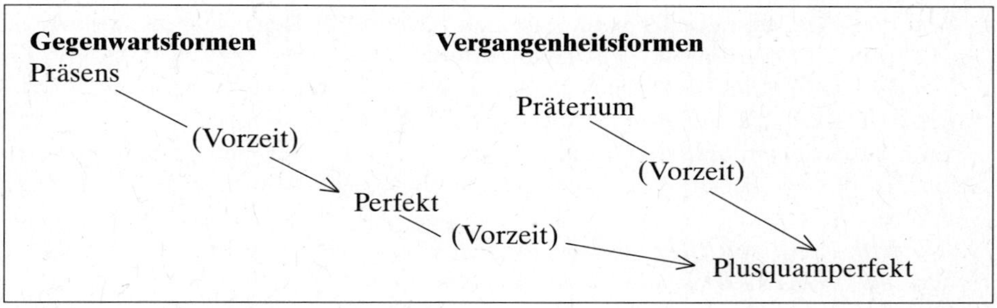

31 **In der folgenden Darstellung wechseln berichtende Teile (Vergangenheit) mit beschreibenden und erläuternden (Gegenwart). Überprüfen Sie die Zeitformen und korrigieren Sie gegebenenfalls.**

Auch Sprachen können sterben

a) Das große Durcheinander begann mit einer architektonischen Meisterleistung. b) Weil die Babylonier ihren Turm zu hoch bauten, wurden sie von Jahwe bestraft. c) Der Herr verwirrt ihre Sprachen, so dass sie sich nicht mehr verstehen und in alle Welt verstreut siedelten. d) Die Vielzahl der Sprachen, in denen sich die Menschen seither ausdrückten, bedeutete nicht nur Chaos. e) Dass Sprachen unterschiedliche Weltansichten repräsentieren, erkannte als Erster der Staatsmann und Wissenschaftler Wilhelm von Humboldt um 1800. f) Von den mehr als 6000 lebenden Sprachen, die es bis in unsere Zeit gab, sind allerdings inzwischen viele ausgestorben oder vom Aussterben bedroht. g) Vor allem von den etwa 4900 Sprachen Afrikas und Asiens sowie den etwa 900 Amerikas schwinden viele, ohne dass sie vorher überhaupt erfasst und erforscht wurden. h) Den Untergang von Sprachen hatte es in der Geschichte immer gegeben, aber jetzt werden viele Stammessprachen von den großen Sprachen der Industrieländer, besonders vom Englischen, verdrängt. i) Dies ist vor allem Folge der Tatsache, dass das Verkehrswesen, das Fernsehen und auch die Rodungsmaschinen immer tiefer in bisher unberührte Gegenden vordringen. j) Sicherlich ist das Sprechen einer Weltsprache für die internationale Verständigung wichtig, aber mit dem Schrumpfungsprozess schwinden auch Kulturen, die uns viel hätten geben können. k) Ein hoffnungsvolles Gegenbeispiel: Als die Sprache der Hualapai-Indianer in Arizona auszusterben drohte, wurde ein besonderes Bildungsprogramm entwickelt. l) Einheimische Lehrer schrieben Lehrbücher in der Indianersprache, die bis dahin nur mündlich tradiert wurde. m) Seit sich die einheimische Sprache auf diese Weise als ebenso ausdrucksfähig wie das Englische erwiesen hat, wird in der Grundschule zuerst die Hualapai-Sprache gelehrt, was sich für das Selbstbewusstsein und die Kultur der Indianer als sehr förderlich erwiesen hat.

Hinweise zum Gebrauch der Zeitformen in Texten

In literarischen Texten wird oft kunstvoll mit dem Wechsel recht unterschiedlicher Zeitformen umgegangen.

Für Sachtexte dagegen gelten Übereinkünfte, die den Gebrauch der Tempora regeln und einschränken.

- Wenn **berichtet und erzählt** wird, geschieht dies in der Regel in den Vergangenheitsformen Präteritum und Plusquamperfekt.
  Nachdem der Zweite Weltkrieg beendet war, kehrten einige der emigrierten Schriftsteller zurück, viele davon in die damalige DDR.
- Wenn **beschrieben, analysiert, erörtert** wird – z. B. in Inhaltsangabe, Interpretation, Erörterungsaufsatz –, geschieht dies in der Regel in Formen der Gegenwart (Präsens, Perfekt).
  Nachdem er mit solch einem dramatischen Satz seine Erzählung begonnen hat, führt uns der Erzähler in die Vorgeschichte ein.

Schwierigkeiten können bei einer **Mischung** dieser Perspektiven auftreten:
In einer Interpretation (Gegenwart) wird häufig auf die Erzählung (Vergangenheit) Bezug genommen: Nur wörtliche Zitate werden in Vergangenheitsformen gesetzt, bei freier Wiedergabe wird in die Gegenwart der Interpretation gewechselt.
Das große Durcheinander begann mit einer architektonischen Meisterleistung. Der Bericht vom Aussterben der Sprachen <u>fängt</u> mit der Legende über ihre Entstehung an.
(Zum Tempus in der indirekten Rede vgl. den Abschnitt über Redewiedergabe und Zitat, Seite 44 f.)

In eine Erörterung oder eine Interpretation werden häufig berichtende, etwa literaturgeschichtliche Teile eingeschoben (z. B. historische Darstellungen über politische Entwicklungen oder über literaturgeschichtliche Hintergründe).
In diesem expressionistischen Gedicht <u>wird</u> die Existenz des Künstlers selbst zum Thema <u>gemacht</u>. Das <u>hat</u> es auch schon in der Romantik <u>gegeben</u>. Aber hier <u>wird</u> ein neuer Akzent <u>gesetzt</u>.
Trennen Sie historische und interpretierende Darstellungspassagen klar, auch durch Gebrauch der Zeiten. Aber wechseln Sie nicht dauernd die Tempora; häufig kann auch Gegenwart beibehalten werden. Das Wichtigste: in der Wahl der Zeitformen selbst konsequent bleiben.

9 Zusammenhänge und Bezüge im Text sichern

Der Zusammenhang in Sätzen und Texten muss zunächst inhaltlich durch einen gedanklichen 'roten Faden' gestiftet werden. Er wird aber formal abgesichert und für den Leser erst verständlich und überzeugend, wenn die Bezüge durch die Verwendung bestimmter grammatischer Mittel klargestellt werden. Dazu gehören vor allem Artikel, Pronomen, Adverbien und auch Konjunktionen. Diese nehmen vorangehende Informationen wieder auf und weisen gelegentlich auch auf kommende hin, wodurch ein dichtes **Netz von Rückwärts- und Vorwärtsverweisen** entsteht.

Im folgenden Beispieltext sind Wiederaufnahmen durch links gerichtete Pfeile, durch Unterstreichungen und Zahlen, die sich auf die Bezugswörter beziehen, gekennzeichnet; Vorausdeutungen sind durch rechts gerichtete Pfeile und Kursivdruck charakterisiert.

Musikhören (1) ist für viele Menschen (2) das größte Vergnügen.
← 2 Sie tun ← 1 es nicht nur zu Hause und in Konzerten, *sondern* → können auch in Bussen und Bahnen, im Auto und auf dem Fahrrad nicht ← 1 davon lassen. ← 2 Solche Freaks haben bei jeder Gelegenheit ← 2 ihren Walkman (3, Walkwoman?) dabei. ← 3 Damit haben ← 2 sie ← 2 ihren Spaß, müssen *aber* → auch *darauf* → bedacht sein, ← 2 ihre unfreiwilligen Zuhörer nicht gegen ← 2 sich aufzubringen.

32 **Pronomen, die eine bereits genannte Person oder Sache wieder aufnehmen, müssen mit dem Bezugswort in Zahl und Geschlecht übereinstimmen.** (Vgl. Kapitel 4, 2.1, Seite 66f.)
Korrigieren Sie die falsche Verwendung von wiederaufnehmenden Pronomen.

a) Manch einer sammelt eifrig Schallplatten. Sie können gar nicht genug davon bekommen.
b) Die Masse der Fans ist bestrebt, das ihnen zur Verfügung stehende Geld in möglichst vielen Platten und Konzertkarten anzulegen.
c) Dabei erinnert man sich wieder gern an die alten Langspielplatten. Denn es hatte auch seine Vorteile.
d) Diese Art des Hörens hatte auch seine Vorteile.
e) Das große Publikum hat die schwarzen Scheiben jedoch im Stich gelassen. Diese wollen die knisterfreie CD.
f) Derjenige, der eifrig forscht, dem wird es aber gelingen, immer wieder aufregende Fundstücke zu ergattern.

Rückwärts gerichtete Wiederaufnahmen sind oft ungenau. **Nötige Vorverweise** werden bei flüchtigem Schreiben häufig weggelassen.
Ingrid hatte sich schon mit vielem beschäftigt, wie man Intervalle erkennt.
... mit vielem beschäftigt, *etwa damit*, wie man ... Oder: ... viel damit beschäftigt, wie man ...

33 **An welcher Stelle ist ein vorausdeutendes Wort nötig?** Wo brächte es jedenfalls mehr Klarheit?
Versuchen Sie eine Verbesserung.

a) Die Klavierlehrerin fürchtet um die weitere Entwicklung der Schülerin, dass die Stundenziele ohne aufwendigeres Üben nicht erreicht werden können.
b) Sie hofft auf einen ruhigeren Verlauf des weiteren Unterrichts und dass Ingrid sich mehr auf das Instrument konzentrieren kann.
c) Sie befürchtet aber auch, streng und tadelnd vorzugehen, wie Ingrid ihre frühere, nicht sehr fähige Lehrerin erlebt hat.
d) Sie hat sich schon bei Frau Sauer erkundigt, welche Musik Ingrid auch sonst gern hört.
e) Schade wäre wegen Ingrids Begabung, wenn sie beide keinen Erfolg hätten.
f) Die Klavierlehrerin jedenfalls will sich bemühen, dass Ingrid der Unterricht wieder Spaß macht.
g) Vielleicht könnte der neue Ansatz darin bestehen, zunächst einmal das Hören zu üben. Jedenfalls hat sie sich die Übungen vorgenommen: Wiedererkennen von Themen und Bestimmen von Intervallen.

Mittel der Wiederaufnahme (Rückverweise)

Ingrid geht ins *Konzert.*
← Sie freut sich schon. (Personalpronomen)
Auf ← *dieses* freut sie sich ganz besonders. (Demonstrativpronomen)
← Ihre Eintrittskarte hatte sie eingesteckt. (Possessivpronomen)
← *Dort* wird sie Stephan treffen. (Adverb)
Ingrid, ← die ins Konzert geht, ... (Relativpronomen)

Ingrid ist gerade auf dieses Programm gespannt. *Auf den Höhepunkt mit W. B., ihrem Lieblingspianisten,* hat sie sich schon lange gefreut.
(gedankliche Verknüpfung mit dem Vorangehenden durch **auffällige Wortstellung**)

Wenn **Verweise**, insbesondere Wiederaufnahmen, **unklar und ohne festen Bezug sind**, dann ist dies ein Zeichen dafür, dass der Schreiber den gedanklichen Faden verloren hat.
„Das Bild eines unbekannten Mannes tauchte, nach vielen Erinnerungsversuchen und eigenartigen Träumen, auf einmal vor ihm auf. *Dazu* versuchte er dann, in empfindungsmäßige Übereinstimmung zu gelangen."
„Dazu" scheint auf etwas rückzuverweisen: auf das Bild?, den Mann?, die eigenen Erinnerungsversuche und Träume? Eine mögliche Lösung: „Er versuchte herauszubekommen, was ihn gefühlsmäßig mit diesem Mann verbinden könne."
Versuchen Sie in solchen Fällen zu ermitteln, welche Stelle, welches Wort am stärksten den Eindruck von Unklarheit bewirkt. Oft muss ganz neu nachgedacht und formuliert werden.

34 **Geben Sie bei den folgenden Beispielen zunächst möglichst genau die Wörter an, deren Bezug unklar ist.**
Versuchen Sie dann eine Verbesserung, soweit das möglich erscheint.
Die Beispiele stammen aus einem Erörterungsaufsatz zur Frage, wie sinnvoll das Erlernen eines Instrumentes durch ältere Jugendliche oder junge Erwachsene noch ist.

a) Das Lernen eines Instrumentes gehört ganz allgemein zur kulturellen Bildung, zum Lernen von Kultur. Dazu ist notwendig, sich mit deren Zielen zu befassen.
b) Obwohl der alte Spruch „Was Hänschen nicht lernt, lernt Hans nimmermehr!" nicht mehr gilt, scheint dies zur Thematik des instrumentalen Lernens noch sehr in Frage gestellt.
c) Der Schwerpunkt musikalischer Bildungsarbeit liegt in den Volkshochschulen allerdings in erster Linie auf der theoretischen Ebene, er ist im praktischen Bereich nur stark eingeschränkt möglich.
d) In den Musikschulen wiederum gibt es Angebote zum Instrumentallernen im Einzelunterricht und Möglichkeiten, dies in Gruppen weiter auszubauen.
e) Der Wunsch nach einer Wiederaufnahme des Instrumentalspieles beruht auf einem engen Zusammenhang mit der eigenen Vergangenheit und deren spezifischen Erfahrungen in der Kindheit.
f) Für das motorische Training sollten Übungen angeboten werden, wobei es sicherlich nicht ausreicht, dabei nur die Hände zu berücksichtigen, sondern der ganze Körper sollte einbezogen werden.
g) Durch Spielen von ungewohnten Klängen und Strukturen können eigene Hörgewohnheiten nicht nur deutlicher, sondern auch verändert (erweitert) werden, dabei auch zum Verständnis anderer Musikkulturen beitragen und verändert letztlich den eigenen Geschmack.

Eine weitere Möglichkeit, Bezüge über den Einzelsatz hinaus abzusichern, die uns noch mehr auf das Feld der Stilistik führt, ist die **Wortstellung**.
Gängig, wenn auch im Deutschen keineswegs vorgeschrieben, ist folgende Wortstellung:

Subjekt	Prädikat	Adverbiale	Objekt
Ingrid	übt	seit vielen Jahren	Klavier.

Rückt man ein anderes Satzglied nach vorn, so wirkt dies auffällig, auch weil die erste Stelle im Satz (und die letzte) ohnehin schon betont ist.
Seit vielen Jahren übt Ingrid Klavier.
(Und was ist dabei herausgekommen?)
Diese Möglichkeit des deutschen Satzbaus kann man nun in der Weise nutzen, dass man das Satzglied, das gedanklich besonders gut an das vorher Gesagte anknüpft, nach vorn rückt.
Seit vielen Jahren übt Ingrid Klavier. *Bis zu den großen Beethoven-Sonaten* ist sie in dieser Zeit gekommen.

Allerdings kann diese betonte Erststellung nicht nur als Verbindung, sondern auch als Gegensatz oder Neuanfang und Vorwärtsverweis genutzt werden:
Seit vielen Jahren übt Ingrid Klavier. *Ohne einen kräftigen, neuen Impuls* wird sie aber in ihrem Können nicht mehr weiterkommen.

35 **Probieren Sie, ob bei den folgenden Sätzen eine bessere Wiederaufnahme des im jeweils vorangehenden Satz Gemeinten dadurch zu erreichen ist, dass man andere Teile des Satzes an die erste Stelle rückt.**

„Aber ich bin ja musikalisch!"

a) Die Leiterin des Improvisationskurses erinnert sich an diesen überraschten Ausruf einer Fünfundsiebzigjährigen besonders gern.
b) Man kann nämlich an diesem Fall sehr schön den Erfolg eines unkonventionellen Musikunterrichts demonstrieren.
c) Dieser kann auch bei Menschen, die sich in musikalischer Hinsicht nichts mehr zutrauen, verblüffende Wirkungen zeigen.
d) Ein solcher Unterricht wird von dem vor einigen Monaten gegründeten Institut für Tanz und Rhythmik angeboten.
e) Die Musikerin Edith Schön ist hier von Beginn an dabei.
f) Sie hat sich zuerst mit ihrem Instrument, dem Klavier, 'ins Spiel' gebracht.
g) Sie bietet inzwischen einfachere Instrumente wie Gong, Schellen und alle Schlaginstrumente an.
h) Die Teilnehmer können mit diesen einfachen Werkzeugen schneller ihr eigenes Klangempfinden und ihre eigene Bewegung umsetzen.
i) Sie können ihre Angst, den Ton nicht halten zu können oder an einem 'richtigen' Instrument zu versagen, auf diese Weise bewältigen.

Rückblick

Vielleicht sind Ihnen einige Übungen, möglicherweise gerade die letzten, schwerer gefallen.
Das muss nicht immer auf mangelnde Lernfortschritte bei Ihnen zurückzuführen sein. Vielmehr könnten sich auch **Grenzen** dafür gezeigt haben, was mit Hilfe eines solchen Übungsheftes und im Einzelstudium zu erreichen ist.
Was ist damit gemeint? Sie haben in diesem Kapitel, aber auch in den anderen Teilen des Heftes sich hauptsächlich damit beschäftigt, Sätze anderer zu analysieren, zu beurteilen und zu verbessern. Das schafft einerseits eine wünschenswerte Distanz zur oft schon eingefahrenen eigenen Schreibpraxis. Es bringt aber andererseits die Schwierigkeit mit sich, dass man sich ständig in die Gedanken anderer hineinversetzen muss und dabei keine direkte Korrektur des eigenen Schreibens erhält.
Eine andere Einschränkung betrifft nicht die Methode, sondern die **Ziele** der grammatischen und stilistischen Übungen.
Ziel war es nicht, persönliche Zweifel beim Gebrauch bestimmter Wörter und grammatischer Formen auszuräumen. Dafür müssen, wie eingangs erwähnt, umfangreichere **Nachschlagewerke** hinzugezogen werden.
Nehmen wir zum Beispiel an, Sie fühlten sich unsicher beim Gebrauch bestimmter Pluralformen: Heißt es *Blöcke* oder *Blocks*, *Datenbanken* oder *Datenbänke*?
Viele Auskünfte gibt bereits ein Rechtschreibwörterbuch:

Block, der; -[e]s, *Plur. (für* Beton-, Eisen-, Fels-, Granit-, Hack-, Holz-, Metall-, Motor-, Stein-, Zylinderblock:) Blöcke *u. (für* Abreiß-, Brief-, Buch-, Formular-, Häuser-, Kalender-, Kassen-, Notiz-, Rezept-, Schreib-, Steno[gramm]-, Wohn-, Zeichenblock:) Blocks *od. österr. u. schweiz. nur,* Blöcke; *(für* Macht-, Militär-, Währungs-, Wirtschaftsblock u. a.:) Blöcke, *selten* Blocks; [...]

Die deutsche Rechtschreibung (Duden Band 1, 1996), S. 164. Ausschnitt.

Mehr Erläuterung enthält meist ein Wörterbuch sprachlicher Zweifelsfälle:

Bank: Das heimische Wort *Bank* „Sitzgelegenheit" hat die Pluralform *die Bänke.* Zu dem aus dem Italienischen entlehnten Wort *Bank* „Geldinstitut" lautet der Plural *die Banken.* Moderne Zusammensetzungen wie *Blutbank, Organbank, Datenbank,* die Aufbewahrungsstellen für bestimmte auf Abruf verfügbare Dinge bezeichnen, schließen an *Bank* „Geldinstitut" an; ihr Plural lautet deshalb *die Blutbanken, Organbanken, Datenbanken.*

Richtiges und gutes Deutsch (Duden Band 9, 1985), S. 99. Ausschnitt.

Dieses Heft, insbesondere das letzte Kapitel zum Satzbau, wollte Ihnen über solche Einzelfragen hinaus Hilfen dazu geben, wie Sie mit mehr **Aufmerksamkeit für das Regelhafte** der deutschen Sprache möglichst viele Fehler vermeiden können.

Deshalb wurden Sie aufgefordert,
- auf die Abstimmung zwischen Subjekt und Prädikat (Einzahl – Mehrzahl) zu achten,
- die vom Verb und von den Präpositionen geforderten Fälle, insbesondere auch den Genitiv, zu verwenden,
- Gleichsetzungen im Satz gleich zu deklinieren,
- Artikelwörter und Adjektive vor einem Substantiv richtig zu deklinieren,
- Satzteile auszulassen, wenn die Ausdrucksweise dadurch flüssiger wird, aber darauf zu achten, dass die Formulierung grammatisch stimmig bleibt,
- Relativsätze richtig zu platzieren, um lange Attributketten aufzulösen oder Satzreihen zusammenzuziehen,
- umständlichere Nebensätze durch erweiterte Infinitive oder Partizipialsätze zu ersetzen, soweit dies sinngemäß möglich erscheint,
- auf die Einhaltung der Zeitenfolgen zwischen Sätzen und Teilsätzen zu achten,
- die Beziehung zwischen Teilsätzen und ganzen Sätzen deutlicher und fester zu gestalten durch vorwärts und rückwärts weisende Wörter sowie die gesamte Wortstellung.

Die Einhaltung grammatischer Regeln fördert den Zusammenhalt im Satz und zwischen den Sätzen und lässt dadurch den gemeinten Inhalt präziser hervortreten. Wird dabei aber nicht zugleich auf Beweglichkeit, auf Auslassungs- und Verkürzungsmöglichkeiten geachtet, dann wird das Ziel allen Schreibens, die gute Lesbarkeit, nicht erreicht.
Wir hoffen, dass Ihnen dieses kleine **Fazit** an vielen Stellen Ihrer eigenen Übungen augenfällig geworden ist und dass Sie durch eine regelmäßige Schreibpraxis das Gelernte bewahren und vertiefen können.